T0126631

CLASSIQUES JAUNES

Essais

Marguerite Yourcenar, une femme à l'Académie

Mireille Brémond

Marguerite Yourcenar, une femme à l'Académie

Malgré eux, malgré elle…

Édition revue et augmentée

PARIS
CLASSIQUES GARNIER
2021

Mireille Brémond, spécialiste de littérature grecque antique ainsi que de la littérature française, étudie les mutations sociales et leurs enjeux médiatiques. Elle s'est intéressée au mythe de Prométhée et à ses liens avec les autres figures de civilisateurs. Ses derniers travaux sont consacrés à la première femme académicienne : Marguerite Yourcenar. Elle est également vice-présidente de l'académie Jean Giraudoux.

Couverture :
Marguerite Yourcenar entre à l'Académie Française, 22 janvier 1981
Crédits : Francis Apesteguy – Getty

ISBN 978-2-406-11161-0
ISSN 2417-6400

INTRODUCTION

Voici trente ans, en 1987, Marguerite Yourcenar disparaissait. Quelques années auparavant, elle avait été la première femme élue à l'Académie française, l'une des cinq Académies qui forment l'Institut de France[1], fondée par Richelieu en 1635, et comportant 40 fauteuils. C'est le fauteuil 3, laissé vacant par la mort de Roger Caillois le 21 décembre 1978, qui fut en jeu lors de cette élection. Marguerite Yourcenar, candidate pressentie, a fait savoir qu'elle accepterait d'être élue, seule concession au protocole, et Jean d'Ormesson a mené campagne pour elle : « Au moins, si j'ai fait quelque chose dans ma vie, j'aurai bousculé la tradition à l'Académie, j'aurai fait entrer une femme à l'Académie française », dit-il avec une fierté légitime[2]. En effet, bien que ses statuts n'interdisent pas son accès aux femmes, il n'y en avait aucune lors de sa création et depuis, ces messieurs s'étaient reproduits entre eux malgré quelques tentatives, toutes vouées à l'échec.

Cela aurait pu durer encore longtemps sans l'opiniâtreté de Jean d'Ormesson, sans une campagne médiatique de grande envergure, sans la personnalité de l'intéressée. À quoi il faut ajouter que la société française à l'époque de l'élection de M. Yourcenar, était en pleine mutation, que l'évolution des mentalités et la pression de l'opinion publique étaient telles que l'entrée d'une femme à l'Académie était devenue inéluctable. En effet, Valéry Giscard d'Estaing avait créé un Secrétariat d'État à la condition féminine en 1974, avec à sa tête Françoise Giroud ; et la loi Veil venait de donner aux femmes une maîtrise de leur corps qu'elles n'avaient jamais eue jusque-là[3]. Ce qui n'a pas empêché l'élection de

---

1 Académie des Inscriptions et Belles Lettes, Académie des Sciences, Académie des Beaux-Arts, Académie des Sciences morales et politiques.

2 Dans l'émission « Jean d'Ormesson au Musée Grévin et dans un grand magasin », France 2, 14 octobre 2006. Le 28 octobre 2016, lors d'un entretien téléphonique, il disait : « Je n'ai pas contribué à la faire élire, je l'ai imposée ».

3 Loi qui, en 1975, a dépénalisé l'avortement.

Yourcenar, comme le dit Delphine Naudier, de provoquer une « véritable tempête sous la Coupole[4] ». Presque la moitié des académiciens ont finalement dû accepter qu'une femme arrive parmi eux à leur corps défendant. C'est ce que confirme Dominique Fernandez, académicien depuis 2007, qui commente ainsi cette élection : « L'Académie n'a-t-elle pas cédé à la pression de l'opinion plus qu'elle ne s'est décidée de sa volonté propre[5] ? » Mais le plus étonnant peut-être, est que cette femme ait donné l'impression qu'elle n'avait pas très envie d'intégrer l'illustre Compagnie. En effet, bien que les barrières aient déjà été en elles-mêmes presque infranchissables, Yourcenar a rajouté des difficultés, sachant pertinemment que cela pouvait lui coûter son entrée sous la Coupole. Et pourtant, malgré tout, ILS l'ont élue, et au premier tour.

Cette élection a entretenu un perpétuel paradoxe : Yourcenar vit en Amérique du Nord, elle a négligé de conserver sa nationalité française en devenant citoyenne américaine, elle refuse de suivre le protocole pour se faire élire, et pourtant… ils l'ont élue. Elle est femme, une femme libre, mais on la dit « antiféministe » et pourtant… elle deviendra le porte-étendard des revendications féministes en prenant d'assaut l'un des bastions les plus prestigieux du pouvoir masculin, devenant ainsi le symbole de la cause des femmes. Elle dit ne pas vouloir trop de bruit autour de son élection, mais la campagne médiatique à laquelle elle participera avec une complaisance qui surprend, aura une ampleur exceptionnelle. En outre, si une femme a été élue, ce n'est pas pour autant que les portes de l'Académie allaient s'ouvrir toutes grandes, bien que depuis, d'autres femmes soient devenues académiciennes sans grandes vagues. Et même si dans le cas de Yourcenar, « la maxime de la maison qui veut que nos élections soient imprévisibles avant, inexplicables après » a joué comme d'habitude[6], on peut néanmoins penser que le retentissement médiatique n'était pas surfait et que c'est bien une véritable révolution qu'a vécue l'Académie française à cette occasion, comme l'a souligné Jean-Christophe Rufin dans sa réponse au discours de réception de Dominique Bona, le 23 octobre 2014 :

4   Delphine Naudier, « L'irrésistible élection de Marguerite Yourcenar à l'Académie française », *Cahiers du genre*, 1/2004 (n°36), p. 45.
5   Dominique Fernandez, Ferranti Ferrante, *Académie française*, Philippe Rey, 2013, p. 123.
6   Daniel Garcia, *Coupole et dépendances, Enquête sur l'Académie française*, éd. Du Moment, 2014, p. 68, citant Erik Orsenna.

> L'élection de Marguerite Yourcenar a marqué une rupture avec les trois siècles
> et demi qui l'ont précédée et constitue une date clé de notre histoire (site de
> l'Académie française).

Après nous être arrêtés sur l'élection et la cérémonie de réception ainsi que sur le long cheminement qui a conduit à cette consécration, il faudra nous interroger sur les enjeux que cela représentait pour les hommes qui y ont œuvré, pour la cause des femmes en général et pour Marguerite Yourcenar ; et nous ne pourrons pas éluder la question de la stratégie mise en œuvre par la première femme qui devait entrer à l'Académie.

Malgré une abondante revue de presse et plusieurs publications sur le sujet, il n'a pas été aisé de mettre de l'ordre dans une affaire complexe dont peu d'acteurs de l'époque sont encore vivants et dont les autres n'ont pas vraiment envie de tout raconter. Nous avons eu à cœur de vérifier toutes les informations, d'autant plus qu'elles étaient fréquemment contradictoires. C'est pourquoi nous avons choisi de citer largement les documents à notre disposition : media de l'époque mais aussi correspondance et archives académiques[7]. Tout n'a pas été élucidé, mais du moins, tout ce qu'il a été possible d'éclairer l'a été. Nous avons également choisi de ne pas prendre parti, l'étude des documents ayant vite montré que si beaucoup d'académiciens étaient sexistes et peu progressistes, Marguerite Yourcenar de son côté, n'était pas un ange. Et après tout, là n'est pas l'essentiel. Il était temps, trente ans après la disparition de l'intéressée et trente-sept ans après son élection à l'Académie, de poser sur cet épisode important de la vie littéraire et de la société françaises, un regard qui ne fût ni partisan ni passionnel.

---

7   Merci à Mme Florence Delay qui m'a permis d'accéder aux archives de l'Académie.

UNE FEMME À L'ACADÉMIE !

LE 6 MARS 1980

« L'Académie française vous a élue au fauteuil de Caillois. Félicitations. Jean Mistler[1] ». Voici la teneur du télégramme que le Secrétaire perpétuel de l'Académie française a envoyé à Marguerite Yourcenar le 7 mars 1980, lendemain de l'élection. C'est sans doute le message le moins chaleureux qu'elle ait reçu. Celui de Georges Sion, Secrétaire perpétuel de l'Académie royale de langue et littérature françaises de Belgique, est beaucoup plus amical : « De tout cœur nos sincères félicitations et notre plus fidèle amitié », télégramme du 7 mars, complété par une lettre le 17 avril : « Nous nous sentions très solidaires de l'événement[2] » ; et il lui propose de venir à Bruxelles, à l'Académie, pour un dialogue avec Jean d'Ormesson[3]. Même Jean Dorst, son rival, lui envoie le jour même un télégramme de « chaleureuses félicitations. [...] Roger Caillois a digne successeur. Respectueux hommages et témoignage de vive admiration[4] ». Il faut dire aussi que les télégrammes du roi Baudouin de Belgique et du Président de la République française ont été également beaucoup moins laconiques et plus enthousiastes que celui de Jean Mistler.

---

1   Toute la correspondance inédite citée se trouve à Harvard University, Houghton Library, fonds Marguerite Yourcenar. Les lettres de Jean Mistler sont à la cote *MS Fr* 372 (552).
2   Les lettres de Georges Sion sont à la cote *MS Fr* 372 (705).
3   Ce projet n'a pas eu de suite, M. Yourcenar lui ayant répondu : « Je suis très décidée à n'accepter aucune conférence, aucun colloque, enfin aucune manifestation publique [...] ni en Belgique, ni ailleurs. La dépense d'énergie est très grande, et je tiens de plus en plus à conserver mes forces », lettre du 25/4/80, *Ms Fr* 372 (1046).
4   *Ms Fr* 372 (229).

La reine se joint à moi pour vous adresser nos très chaleureuses félicitations. Nous nous réjouissons de l'hommage qui vous est rendu aujourd'hui et qui consacre avec éclat votre brillante contribution aux lettres françaises[5],

lui écrit le roi Baudouin de Belgique le jour même de l'élection. Et V. Giscard d'Estaing, le 6 mars également :

Le Président de la République, qui est par sa fonction protecteur de l'Académie française et personnellement un grand admirateur de votre œuvre, vous adresse ses chaleureuses et déférentes félicitations pour votre brillante élection qui consacre la place éminente des femmes dans la littérature française[6].

Remarquons la tonalité politique de ce message qui montre son intérêt pour la promotion des femmes dans la société française, bien qu'il n'ait fait aucun commentaire dans ce sens lors de notre entretien du 14 septembre 2016.

Notons enfin le message du Secrétaire général de l'Organization of American States (Washington) qui félicite l'Académie de l'élection de Yourcenar. Impossible de dire s'il faut entendre de l'ironie dans les propos, mais on ne peut s'empêcher de sourire en lisant que le Secrétariat général se félicite de l'élection de Yourcenar, à une époque où « s'affirme chaque jour davantage le sens profond et universel du principe de l'égalité, que la France a été la première à proclamer[7] »… Comme il y a loin de la coupe aux lèvres, on peut dire qu'en l'occurrence, il y a loin des paroles aux actes.

Marguerite Yourcenar a donc été élue au fauteuil numéro 3, celui de Roger Caillois, au premier tour, par vingt voix contre douze à Jean Dorst, un bulletin blanc et trois bulletins marqués d'une croix ; la majorité absolue étant à dix-neuf. Jean Camion, le troisième candidat dont tout le monde oublie de parler, n'a obtenu aucune voix[8]. « Même d'Ormesson n'en revient pas ! » écrit Michèle Goslar[9].

La presse, aussi bien française que belge, majoritairement favorable à Yourcenar, a largement commenté l'événement[10] ; ainsi *Le Matin* du 7 mars 1980 :

---

5   *Ms Fr* 372.2 (1049).
6   Télégramme du 6 mars 1980, *Ms Fr* 372 (327).
7   Archives Académie française, cote 5B58.
8   Procès-Verbal de la séance du 6 mars 1980 ; Archives de l'Académie française, 2B23.
9   « Les Coulisses d'une élection », *www.bon-a-tirer.com, Revue littéraire en ligne*, 1/4/2010, n° 129, p. 8. Désormais les références à cet article seront indiquées par « Coulisses ».
10   Plusieurs journaux belges suivent l'affaire : *Le Soir, La libre Belgique, La Cité* et *La Lanterne* notamment.

Et l'on connaît mieux les raisons pour lesquelles cette élection faillit échouer (une misogynie par trop enracinée) que celles pour lesquelles, aujourd'hui, elle a finalement été acceptée. Il faut croire que la littérature y a retrouvé ses droits.

Le Soir écrit, le même jour, que les académiciens sont « abasourdis. Ils descendent la double volute de l'escalier comme des automates ». Beaucoup de journalistes se moquent d'eux : Françoise Xénakis, dans *Le Matin* du 7 mars 1980, écrit, s'adressant directement à Yourcenar :

> Enfin un peu de vie, grâce à vous, est arrivée sous la Coupole. Et nos Immortels se sont donné de magnifiques coups de pieds dans les galoches comme autrefois, il y a longtemps, longtemps, sous leurs préaux d'école.

D'autres journaux s'intéressent à l'état d'esprit des académiciens. Jean Guitton, farouche opposant, déclare dans *Le Monde* du 8 mars 1980 : « Je vois l'action de Dieu en sa faveur. J'étais de ceux qui étaient opposés à l'élection d'une femme à l'Académie française. Maintenant que c'est fait, je suis heureux ». Cette déclaration est reprise quelques jours plus tard, plus complète, dans *Points de Vue*, et se termine par : « J'accepte donc Mme Yourcenar comme la Providence[11] ». Quelques mois plus tard, au lendemain de la cérémonie de réception, on pourra lire dans *La Voix du Nord* qu'il « a fallu [...] 345 années de méditations académiques pour qu'on découvre, sous la Coupole, que le génie n'a pas de sexe » (23/1/81).

L'événement a été si important que l'on oublie presque le second élu du jour : Michel Droit, élu lui aussi au premier tour, avec 19 voix, au fauteuil de Joseph Kessel. Cette double élection, dont il sera question plus loin, a donné à penser même si la longue histoire de l'Académie en a connu d'autres[12]. Ainsi pouvait-on lire dans *La Cité* du 7 mars 1980 : l'élection de Michel Droit est « une autre surprise qui en disait long, elle, sur les différentes tractations préalables ». *Les Nouvelles littéraires* des 13-20 mars 1980 titrent : « Troc scandaleux à l'Académie française », et Josyane Savigneau, dans sa biographie de Yourcenar, est catégorique : « On a tout de suite vu quelle était la manœuvre : un troc[13] ».

---

11   14/3/80. Achmy Halley, dans *Marguerite Yourcenar, archives d'une vie d'écrivain*, Gand, Snoeck, 2015, reproduit le texte complet de la déclaration de Jean Guitton, p. 74.

12   Voir Albert Rouxel, *Chroniques des élections à l'Académie française, 1634-1841*, Didot, 1886.

13   *Marguerite Yourcenar, l'invention d'une vie*, Paris, Gallimard, 1990, p. 408.

UNE CAMPAGNE AGITÉE

Jean d'Ormesson se défendra toujours d'avoir intrigué pour l'élection de Yourcenar, aussi bien dans la presse de l'époque que plus tard, à Louis-Bernard Robitaille au début des années 2000 : « Je ne le savais pas, jure-t-il. Mais c'est bien évident qu'il y a eu un troc[14] ». Il affirme la même chose à M. Yourcenar :

> Je dois vous avouer que je n'ai pas vraiment mené campagne. J'ai posé la question, c'est tout, en pensant simplement qu'une réponse négative était impossible. Elle l'était. Je dois préciser que je ne me suis livré à aucun « marchandage » où votre nom aurait été engagé[15].

L'histoire lui a donné raison, et en effet la réponse négative était tellement impossible que Yourcenar a été élue au premier tour. Et pourtant, la campagne a été rude. L-B. Robitaille parle d'un « psychodrame plein de bruit et de fureur » (*op. cit.*, p. 114) et de « bataille rangée où les opposants étaient manifestement majoritaires au départ[16] ». M. Yourcenar répond à J. d'Ormesson qu'elle ne croit pas en effet qu'il ait ourdi d'intrigues et de toutes façons : « Je n'ai pas lu, et peut-être ne lirai pas avant longtemps, les coupures de presse amoncelées ici en mon absence[17] ». Mais la manœuvre a semblé grosse à beaucoup, confirmée par Maurice Rheims, académicien favorable à Yourcenar, qui a parlé de « marchandage[18] ».

Que s'est-il donc passé ? Roger Caillois était mort en décembre 1978, libérant le fauteuil 3 ; Joseph Kessel en juillet 1979, libérant le fauteuil

---

14   Louis-Bernard Robitaille, *Le salon des Immortels, Une académie très française*, Denoël, 2002, p. 116. Lors d'un entretien téléphonique le 28 octobre 2016, J. d'Ormesson nous a dit qu'il était non seulement étranger à ce troc, mais profondément hostile.

15   Lettre de fin mars ou début avril 1980, non datée. Dans une lettre du 8 mai, évoquant la visite protocolaire au Président de la République, il en profite pour dire entre parenthèses qu'il n'a jamais eu aucun contact avec lui, la concernant. Les lettres de J. d'Ormesson à Yourcenar sont à la cote *MS Fr* 372 (578).

16   L.-B. Robitaille, *op. cit.*, p. 115 ; ce qui est confirmé par V. Giscard d'Estaing (entretien du 14/9/2016).

17   Lettre du 10/4/80, dans *Lettres à ses amis et quelques autres*, Gallimard, 1990, p. 629. Désormais désigné par *L*.

18   M. Rheims, *En tous mes états*, Paris, Gallimard, 1993, p. 106-108.

27. Voici ce que l'*AFP* annonçait le 8 novembre 1979, le jour même où Jean d'Ormesson proposait la candidature de Yourcenar à l'Académie :

> Un groupe d'académiciens, dirigé par Jean d'Ormesson, a proposé, jeudi, la candidature de Marguerite Yourcenar au fauteuil de Roger Caillois. L'élection aura lieu le 6 décembre prochain. Le recteur Mallet, Jean Dorst et Roger Ikor étaient candidats à ce siège, mais le groupe d'amis qui a présenté la candidature de l'auteur des *Mémoires d'Hadrien* avait, jeudi, l'assurance que ces trois auteurs s'effaceraient devant Marguerite Yourcenar. Tout laisse donc prévoir que l'élection de la première femme académicien se fera à l'unanimité[19].

Le lendemain, une autre dépêche persiste : « Selon toute vraisemblance, le 6 décembre prochain marquera une date dans l'histoire de l'Académie française : une femme, Marguerite Yourcenar, sera élue au fauteuil de Roger Caillois[20] ». Mais quelques jours plus tard, le 15 novembre, l'*AFP* annonçait : « L'élection au fauteuil de Roger Caillois prévue pour le 6 décembre est reportée à une date ultérieure[21] ». Elle nous apprend également qu'au cours de la séance du 15 novembre, il a été décidé que le fauteuil de Joseph Kessel serait déclaré vacant lors de la séance du 6 décembre et que les deux élections auraient lieu en même temps[22].

Avant de poursuivre les péripéties de cette élection annoncée, puis reportée et couplée à une autre, voyons de près les candidatures au fauteuil 3. Les procès-verbaux des séances ont le mérite de donner le déroulement exact des faits : le fauteuil de Roger Caillois est déclaré vacant lors de la séance du 27 septembre 1979. Dès le 4 octobre, l'Académie reçoit les candidatures de Robert Mallet et Roger Ikor[23]. Deux autres candidatures arrivent à la séance du 11 octobre, celles de Jean Dorst et de Jean Camion[24]. Le 8 novembre, Jean d'Ormesson propose la candidature de Yourcenar ; dès le lendemain, Roger Ikor retire la sienne. Le 10 novembre, l'*AFP* publie une déclaration de Yourcenar qui peut être comprise comme une « lettre de candidature » dans laquelle elle déclare qu'elle ne refusera pas d'être élue. Le 13 novembre, Jean Dorst retire sa candidature. Mais il écrit quelques jours plus tard à Jean Mistler

---

19 Cité dans Achmy Halley, *op. cit.*, p. 74.
20 *Id.* p. 75.
21 *Ibid.*
22 Les deux candidats au siège de J. Kessel sont Michel Droit et Robert Mallet.
23 Lettre du 28/9/79 de R. Mallet et du 3/10/79 de R. Ikor. Les lettres de R. Ikor, R. Mallet, J. Dorst et J. Camion sont aux Archives de l'Académie française, à la cote 1B8.
24 Lettres du 8/10/79 de J. Camion et du 9/10/79 de J. Dorst.

pour dire sa perplexité : la situation lui semble confuse et il dit ne pas vouloir « jouer le comparse », car les jeux lui semblent faits (lettre du 18/11/79). Le 22 novembre, R. Ikor écrit à son tour à J. Mistler car il se rend compte, dit-il, que les journaux ont anticipé et ont présenté la candidature de Yourcenar comme acquise ; il dit donc qu'il se présentera si la candidature de Yourcenar n'est pas enregistrée. Il semble que les deux candidats, visiblement mécontents de se sentir manipulés, aient eu des informations contradictoires ; est-ce le risque qu'ils entrent à nouveau en lice qui a décidé Yourcenar à envoyer une lettre officielle à Jean Mistler le 27 novembre ? R. Ikor reste sur sa position et ne se présente pas, tandis que Robert Mallet reporte sa candidature sur le fauteuil de Joseph Kessel (lettre du 7/12/79). Jean Dorst quant à lui, ne se décide à envoyer une nouvelle lettre de candidature au fauteuil de R. Caillois que le 20 février 1980. Cette réaction si tardive (à deux semaines du scrutin), et mettant en contradiction Jean Dorst avec lui-même puisqu'il avait retiré sa candidature en faveur de Yourcenar quelques mois plus tôt, laisse entrevoir des pourparlers et des pressions pour faire barrage à une candidature féminine. Sans doute les adversaires de l'arrivée d'une femme parmi eux jugeaient-ils plus honorable de pouvoir donner leurs voix à un autre candidat que de voter contre Yourcenar unique candidate. Quant à Jean Dorst, nous ne savons pas et ne saurons peut-être jamais quels puissants motifs l'ont finalement décidé à se présenter contre elle[25].

La candidature de Yourcenar posant donc problème, la séance de ce 15 novembre fut houleuse. J. d'Ormesson a été appuyé par Alain Peyrefitte[26] sur la question de sa nationalité, puisque Yourcenar avait reçu la Légion d'Honneur à titre français en 1971. Cependant, ce dernier a conseillé qu'elle fasse des démarches en vue de régulariser sa situation pour éviter toute contestation. C'est ce jour-là qu'un membre

---

25   J. Dorst et Yourcenar avaient eu un échange épistolaire en janvier 1978 : Dorst lui ayant demandé l'autorisation de citer un de ses ouvrages, cette dernière la lui avait donnée, et avait dit qu'elle cotisait régulièrement au Museum d'Histoire naturelle ; à la suite de quoi J. Dorst l'avait invitée à passer le voir. Lettres à Yourcenar : *Ms Fr* 372.2 (2433) ; lettre de Yourcenar à J. Dorst, *Ms Fr* 372.2 (4478). Elle avait eu un échange épistolaire avec Roger Ikor en 1967 : celui-ci, admirateur de *Mémoires d'Hadrien*, voulait aller la voir pour en discuter avec elle : le moins qu'on puisse dire est que, dans sa réponse, elle ne l'encourageait pas à faire le déplacement, *Ms Fr* 372.2 (4733).

26   Il fut Garde des Sceaux de Valéry Giscard d'Estaing du 30 mars 1977 au 13 mai 1981.

de l'Académie (le Procès-Verbal ne précise pas de qui il s'agit) a proposé de déclarer très rapidement la vacance du fauteuil de J. Kessel. Le jour même, il a été décidé que cela se ferait à la séance du 6 décembre. Très laconique, le Procès-Verbal du 15 novembre énumère les points de discussion à propos de Yourcenar et mentionne que J. d'Ormesson et cinq autres membres (sans donner les noms) quittent la séance à cause de leur désaccord. Fort heureusement, une note de trois pages, qui se trouve dans les archives, détaille un peu cette fameuse séance et nous apprend, outre les noms de ceux qui ont quitté la salle[27], que c'est Jean Bernard qui, après la sortie de d'Ormesson, propose, pour calmer les esprits, de faire une double élection, dont Jacques de Lacretelle propose de reporter la date. Les académiciens restés présents approuvent ces deux modifications ainsi que le texte qui sera donné à la presse et publié par l'*AFP*. Fait exceptionnel, la séance est levée ce jour-là à 17h au lieu de 16h30 habituellement. Les procès-verbaux semblent donc confirmer le fait que Jean d'Ormesson n'a pas été à l'origine de ce fameux troc. Sans doute quelques académiciens opposés à l'entrée de Yourcenar, comprenant qu'il serait impossible de lui faire barrage, ont-ils imaginé cette procédure pour donner une chance à Michel Droit qui, sans cela, n'aurait peut-être jamais été admis à l'Académie. Dans *Le Soir* du 6 décembre 1979, d'Ormesson déclare : « J'aimerais ne plus en parler, cela est tellement lamentable ! » Mais la presse ne se prive pas de s'interroger sur cet étrange calendrier et *L'Express* du 8 décembre titre : « Complot sous la Coupole ». Après les élections, J.-C. Harvet, dans *Les Nouvelles littéraires*, ne mâche pas ses mots :

> Michel Droit à l'Académie, échangé, maquignonné, troqué contre Marguerite Yourcenar. On sourirait si tout cela n'était, en vérité, franchement lamentable. [...] Cela n'est ni sérieux, ni acceptable, ni honorable. C'est plus qu'une farce, c'est un affront. Car Michel Droit est nul, et tout le monde le sait. [...] L'élection de Marguerite Yourcenar devait-elle être payée à ce prix-là[28] ?

Et dans *Paris Match* du 21 mars 1980, on peut lire qu'« il y a je ne sais quoi de triste à voir des hommes élevés se conduire bassement ». Hélène

---

27 D'après l'article de *Paris Match* du 30 novembre 1979, sont sortis avec lui Maurice Rheims, Félicien Marceau et Jean-Jacques Gautier. Ce compte-rendu cite également Ionesco et André Roussin (Archives de l'Académie française, 5B58).

28 J.-C. Harvet, « Scandale à l'Académie française », *Nouvelles littéraires* du 13/3/80. Voir aussi *Points de Vue* du 14/3/80, où il est question, avec indulgence, d'« innocents marchandages ».

Carrère d'Encausse, Secrétaire perpétuel de l'Académie depuis 1999, racontera bien plus tard la « petite histoire » de cette élection :

> Pour obtenir l'indulgence des adversaires les plus résolus de "la femme à l'Académie", et gagner ainsi quelques voix, on rapporte qu'un marchandage implicite, de ceux dont raffole la Compagnie, avait eu lieu. Car c'était un jour de double élection. Le fauteuil de Joseph Kessel était aussi en jeu. L'élu, Michel Droit, romancier et journaliste estimé, mais classé à droite parce qu'il avait eu le privilège d'être l'interlocuteur du général de Gaulle à la télévision, aurait été le bénéficiaire de ce troc. Est-ce vrai ? Beaucoup de ceux qui votèrent ce jour-là ont disparu, et le secret du scrutin avec eux[29].

Façon élégante de clore le chapitre. Moins élégante, la précision donnée par Matthieu Galey dans son journal en date du 28 mars 1980 : « Apocryphe peut-être, mais après l'élection couplée de Yourcenar et de Droit, un académicien aurait dit : "On a élu une femme, on peut bien élire un con"[30] ». Une étrange lettre de Maurice Schumann, l'un des parrains de Yourcenar, datée du 4 mars (soit deux jours avant l'élection) et adressée à « Ma chère consœur », semble confirmer la thèse du troc :

> Mon ambition [...] est de ne pas être le second à vous dire ma fierté et ma joie [...] Mon dernier livre est intitulé *Angoisse et certitude*. Aujourd'hui mardi, je suis assez délivré de l'angoisse, assez envahi par la certitude pour... pour vous demander la permission de vous embrasser[31].

De son côté, Alain Decaux raconte : « Par une troublante coïncidence, sur l'entremise de Jean d'Ormesson, ma réception eut lieu le jour même de l'élection de Yourcenar. J'ai pu me prononcer pour elle *in extremis* » (cité par Delphine Peras, p. 2[32]). J. d'Ormesson a-t-il eu ce pouvoir ? Impossible à dire. Mais les souvenirs de Decaux sont quelque peu approximatifs. Élu le 15 février 1979, il était bien présent en effet à la séance du 6 mars pour lire devant une commission son discours, puis assister à la séance du dictionnaire et participer aux travaux, et il a peut-être voté pour elle, comme il le dit ; mais c'était une semaine avant sa réception. De plus, il parle de « Mlle Bresson, en charge de

---

29   H. Carrère d'Encausse, *Des siècles d'immortalité*, Paris, Fayard, 2011, p. 339.
30   M. Galey, *Journal, 1974-1986*, Paris, Grasset, 1989, p. 126.
31   *Ms Fr* 372.2 (3697).
32   Adresse de l'article de D. Peras : http://www.lexpress.fr/culture/livre/1980-yourcenar-a-l-academie_810679.html, « 1980 : Yourcenar à l'Académie ».

l'administration auprès de Maurice Druon ». Or il s'agit de Cécile de Bosson, et le Secrétaire perpétuel de l'époque est encore Jean Mistler. Druon ne le deviendra qu'en 1985. Il semble donc difficile de lui accorder une foi totale à propos de l'éventuelle intervention de d'Ormesson pour la date de sa réception.

En revanche, Alain Peyrefitte, académicien et garde des Sceaux, a donné à Yourcenar un vrai coup de pouce. En effet, devenue citoyenne américaine en 1947, elle avait négligé de faire les démarches nécessaires pour conserver la nationalité française. Dans ses lettres à Jean Guéhenno du 7 mars 1978 et à Jean d'Ormesson du 12 octobre 1979, elle avait pourtant laissé entendre que la nationalité n'était pas un problème. Mais son élection a été reportée au 6 mars 1980, pour lui laisser le temps de se mettre en règle. Alain Peyrefitte expliquera la marche à suivre et signalera l'existence d'un article additionnel au Code de la nationalité datant du 9 janvier 1973, lui permettant de réintégrer la nationalité française. Le Procès-Verbal de la séance du 6 décembre 1979 nous apprend que le Consul de France à Boston est allé chez Yourcenar et qu'elle est en train d'effectuer les démarches nécessaires. C'est Alain Peyrefitte lui-même qui enverra le dossier complété à J. Mistler[33]. Ainsi, le 3 janvier 1980, ce dernier pourra-t-il annoncer à l'Académie qu'elle était redevenue française le 20 décembre précédent. En réalité, Yourcenar a recouvré la nationalité française à la date du 6 décembre 1979, c'est-à-dire le jour même de la visite du consul. L'administration sait être efficace lorsque c'est nécessaire. Sa candidature est donc enregistrée et l'élection programmée pour le 6 mars. « Le consul de France à Boston et le Garde des Sceaux ont officié en un temps record », commente le journaliste du *Point* (3/3/80)[34]. Cependant, « nulle part dans les Statuts et règlements,

---

33 Le dossier comprend la demande de réintégration dans la nationalité française, la lettre d'enregistrement de sa demande et le certificat de nationalité (Archives de l'Académie française, cote 1B8).

34 Sources : *Le Figaro* du 7/12/79 et du 5/1/80 ; *Le Monde* du 8/12/79 et du 5/1/80. Voir aussi J. Savigneau, *op. cit.*, p. 407. À ce propos, il est surprenant de lire sous la plume d'H. Carrère d'Encausse cette inexactitude : « Marguerite Yourcenar était belgo-américaine » (*op. cit.* p. 344). De mère belge et de père français, Yourcenar n'a jamais eu la nationalité belge, et c'est d'ailleurs à titre étranger qu'elle a été élue en 1970 à l'Académie royale de langue et de littérature françaises de Belgique. Cette question sur la nationalité est étrange d'ailleurs car lors du procès avec Plon en 1972, lorsque l'éditeur avait voulu repousser la plaidoirie au motif qu'elle était étrangère (lettre de Maître Brossollet à M. Yourcenar du 25/1/72), Yourcenar avait fourni à son avocat un document justifiant

nous l'avons vérifié, il n'est question de nationalité française » affirme
L.-B. Robitaille (*op. cit.* p. 302). Et Georges Sion pourra parler du « roman-
feuilleton à propos de [sa] nationalité[35] ». On en viendrait à se demander
si ce n'était pas un prétexte…

Enfin, selon Delphine Naudier, Valéry Giscard d'Estaing, protecteur
officiel de l'Académie, fait savoir de manière informelle qu'il soutient la
candidature de M. Yourcenar. Il est favorable à la promotion des femmes ;
l'enjeu est politique et « la volonté du prince lève les interdits qui pesaient
en matière d'accès à certaines carrières de la haute fonction publique »
sous sa présidence[36]. « Nombre d'académiciens n'ont pas aimé le coup
de pouce du pouvoir[37] », mais « l'élection de Marguerite Yourcenar n'a
pu être possible qu'en raison de la convergence d'un faisceau d'intérêts
qui dépassaient la simple légitimation de son œuvre[38] ». Et en effet, le
Garde des Sceaux intervenant en personne, le Consul se déplaçant en
personne, voilà qui peut faire penser à une intervention directe et peut-
être intéressée du pouvoir. V. Giscard d'Estaing a-t-il pu ne pas être
informé ? Il semble ne pas se souvenir de ce détail, mais il est formel :
ce n'est pas lui qui est à l'origine de l'élection de Yourcenar, c'est Jean
d'Ormesson. D'abord surpris par l'idée lorsqu'elle lui a été présentée, il
a été convaincu par l'enthousiasme de d'Ormesson et a dit qu'il aiderait,
mais il n'a suivi l'affaire que de loin[39].

Dans une lettre à Yourcenar du 2 octobre 1979, Jean d'Ormesson
est très affirmatif : « Je ne parle même pas du problème qui ne se
pose pas de l'élection d'une femme à l'Académie : aucun texte ne
s'y oppose ». Et pourtant… *Le Monde* du 5 mars 1980 pose la bonne
question : « Pourquoi ces réticences alors que le talent de l'auteur
des *Mémoires d'Hadrien* est indiscuté par l'Académie elle-même ? » À
l'exception de ceux qui se sont publiquement exprimés ou impliqués, il est
difficile de savoir exactement qui était pour ou contre cette candidature,
d'autant plus que les informations trouvées dans les journaux ou les
biographies ne se recoupent pas toujours. Sont évidemment favorables Jean

---

sa nationalité française (Lettre de Maître Brossollet à Yourcenar du 4/3/72, Harvard
University, Houghton Library, *Ms Fr* 372 (107)).
35   *Revue générale* n° 4, avril 1980.
36   art. cité, p. 53.
37   *Paris Match* du 30/11/79.
38   D. Naudier, art. cité, p. 64.
39   Entretien du 14 septembre 2016.

d'Ormesson et les cinq académiciens qui ont quitté avec lui la séance
houleuse du 15 novembre 1979 : Félicien Marceau, Maurice Rheims,
Jean-Jacques Gautier, Ionesco et André Roussin, ainsi que Maurice
Schumann qui a été, dit-il, « un de ses partisans les plus fervents et
[…] un des modestes artisans de son élection » (*Le Pèlerin* du 25/1/81).
On peut citer encore Jean Delay, Alain Decaux, Étienne Wolff, Alain
Peyrefitte, Michel Déon et Edgar Faure[40]. La lettre de félicitations du
R. P. Carré porte à croire qu'il aurait pu être l'un de ses partisans, sans
toutefois s'avancer beaucoup[41]. Ceux qui sont favorables à Yourcenar
le sont pour une raison évidente : il s'agit d'un grand écrivain. Quant
aux opposants, aucun ne met en doute son talent, peu osent dire que
le fond de l'affaire est son sexe ; il leur restait à trouver des prétextes,
plus ou moins grossiers, plus ou moins amusants. J. d'Ormesson parle
de « considérations plutôt comiques » :

> Le protocole est exclusivement fonction de l'ancienneté. Les plus anciens
> passent dans les portes avant les plus récents : un duc et un pair, un président
> de la République, entrés derniers, passeront les derniers. Mais comment faire
> avec une femme[42] ?

Il s'amusera plus tard, à évoquer ces niaiseries :

> Le jour du scrutin, la presse du monde entier […] assiégeai[t] le Quai Conti.
> Un journaliste me demanda : "Alors ? Qu'y a-t-il de changé à l'Académie
> française ?" Je répondis : "Désormais, il y aura deux toilettes. Sur l'une sera
> inscrit *Messieurs* et sur l'autre *Marguerite Yourcenar*"[43].

Tous les traditionalistes sont contre l'entrée d'une femme. Les
arguments « sont souvent remarquablement spécieux[44] ». Jean Dutourd
ne craignait pas de dire : « Quant à Marguerite Yourcenar, elle a trop lu
pour bien écrire[45] » ; et André Chamson tentait de prouver que « Mme

---

40 Sources : *Le Point* du 3/3/80, et la correspondance de J. d'Ormesson et M. Yourcenar.

41 « Votre entrée dans notre Compagnie a réjoui nombre de vos amis avec qui j'ai souvent
parlé de vous, tels le Professeur Jean Delay (qui va mieux) et Jean d'Ormesson », lettre
du 20 août 1980, *Ms Fr* 372 (139).

42 J. d'Ormesson, *Garçon de quoi écrire*, Gallimard, 1989, p. 244. Voir aussi J. Savigneau,
op. cit., p. 407.

43 *Je dirai malgré tout que cette vie fut belle*, Gallimard, 2016, p. 295.

44 *France Catholique* du 14/12/79.

45 *Le Point* du 3/3/80.

Yourcenar n'était quand même pas Victor Hugo[46] ». Maurice Druon trouve souhaitable « de ne pas bousculer ce qui fait que l'Académie tient depuis si longtemps[47] ». Matthieu Galey, dans son journal en date du 23 novembre 1979, le cite : « C'est la porte ouverte aux calamités. D'ici peu, vous aurez quarante bonnes femmes qui tricoteront pendant les séances du dictionnaire » (*op. cit.*, p. 107). Même si Yourcenar pousse la coquetterie à répéter qu'elle fait elle-même son pain, le scénario imaginé par Druon fait sourire. Mais attendons patiemment ladite séance de tricotage, en espérant qu'elle sera télévisée, surtout si le mot à l'étude ce jour-là est le nom « goujat ». Claude Lévi-Strauss quant à lui, est contre « parce qu'on ne change pas les règles de la tribu[48] ». Jean Mistler, Jean Dutourd, Georges Dumézil, René de Castries, Pierre Gaxotte, sont contre. Louis de Broglie et Antoine de Lévis Mirepoix sont prudents ; et Jean Guitton est « le plus ouvertement réfractaire[49] ». Il avait pourtant publié dans *Le Monde*, le 11 janvier 1980, un article intitulé « L'admiration de Jean Guitton ». Il y a des hésitations cependant en ce qui concerne la position de J. Mistler, certains pensant qu'il y est favorable ou qu'il s'est simplement abstenu. *L'Express* du 8/12/79 dit qu'il se veut neutre mais qu'on devine ses réserves ; *Points de Vue* du 14/3/80 se demande : « Et si c'était lui, le bulletin blanc ? », car il semble agacé de cette tentative de passage en force. En revanche, Marcel Jullian dans *Le Figaro* du 7 mars 1980 pense que bien qu'on dise qu'il est contre, « ce qu'[il] sai[t] de lui [l]'incline à penser le contraire ». V. Giscard d'Estaing pense que J. Mistler n'était pas favorable à l'élection de Yourcenar pour deux raisons : d'abord parce que cela ne s'était jamais fait, ensuite parce qu'elle ne vivait pas en France (entretien du 14/9/2016). Le compte-rendu de trois pages de la séance du 15 novembre 1979 montre que J. Mistler craint « une scission dans l'Académie » car c'est « trop rapide ». Et il n'apprécie pas la façon de faire : « Un petit groupe a voulu manœuvrer l'Académie. Très désagréable[50] ».

46   *Le Soir* du 6/12/79.
47   *Le Point* du 3/3/80.
48   J. Savigneau, *op. cit.*, p. 406. J. d'Ormesson évoque les arguments de Lévi-Strauss dans *Garçon, de quoi écrire, op. cit.*, p. 244-245. Emmanuelle Loyer évoque rapidement cet épisode et l'explique plus par la nature de l'Académie qui « doit son prestige et sa solidité à un scrupuleux respect des traditions » qu'à la misogynie de Lévi-Strauss, *Lévi-Strauss*, Paris, Flammarion, 2015, p. 658.
49   *Le Soir* du 7/3/80.
50   Archives de l'Académie française, 5B58.

Françoise Parturier, qui avait peut-être des comptes à régler avec les académiciens, puisque sa candidature avait été rejetée en 1970, rapporte quelques-uns des arguments de ses opposants :

> M. Lévi-Strauss disait que les femmes n'amènent que des problèmes. M. Leprince-Ringuet faisait remarquer que si on laisse entrer les femmes à l'Académie sans discernement, elles seront bientôt plus nombreuses que les hommes puisqu'en vertu des lois physiologiques elles vivent plus longtemps. M. Jean Guitton assurait que les femmes étaient plus grandes et plus puissantes dans l'ombre. Gaxotte disait que les femmes étaient toutes des emmerdeuses (*Paris Match* du 21/3/80).

L'un des futurs collègues de Yourcenar aurait même dit, au moment de la présentation de sa candidature : « C'est un excellent candidat de transition puisqu'elle a l'air d'un homme[51] ». Comme on peut le voir, ça ne vole pas toujours très haut chez les Immortels... J. d'Ormesson fut même « traité de "petit voyou" et de "gauchiste"[52] ». Il dira plus tard : « Le débat interne [...] a été très vif. Il y a eu des hurlements et des insultes[53] ». Daniel Garcia, rapporte :

> La bataille fut, dit-on, homérique. Quel dommage que les procès-verbaux des séances de l'Académie, toujours si succincts et polis, n'aient pas gardé la trace des propos très vifs qui s'échangèrent sous le portrait impavide du cardinal de Richelieu. La séance du 15 novembre 1979, notamment, fut la plus explosive, puisque le procès-verbal note tout de même : *"Devant le différend qui les oppose à certains de leurs confrères, M. d'Ormesson et cinq membres de la Compagnie quittent la salle des séances"*. Des académiciens claquant la porte ! Cela ne s'était jamais vu[54].

Si *Points de Vue* évoque une « campagne ardente et passionnée, marquée de rebondissements et d'incidents parfois comiques » (14/3/80), Yvon Bernier, selon qui « aucun de ces arguments ne résiste longtemps à l'examen », pense qu'ils constitueraient « un riche échantillonnage de la bêtise à visage humain, ou plutôt à face masculine, pour dire les choses

---

51 *Paris Match* du 30/11/79.
52 *Le Point* du 3/3/80.
53 J. d'Ormesson, *Garçon, de quoi écrire, op. cit.*, p. 244 ; J. Savigneau, *op. cit.*, p. 407.
54 *Op. cit.*, p. 253. Louis-Paul Béguin, dans la préface de son ouvrage *Yourcenar ou le triomphe des femmes*, signale un article du *Nouvel Observateur* du 4 février 1980 selon lequel une gifle aurait été donnée à Jean d'Ormesson, information démentie par l'intéressé dans J. Savigneau, *op. cit.*, p. 407.

franchement[55] ». Françoise Parturier se montre plus sévère encore : les académiciens « ont accumulé tellement d'erreurs et faux pas, de gaffes, de maladresses et d'indiscrétions qu'ils ont réussi le chef-d'œuvre de transformer un geste historique en magouilles de contrat de mariage, en politicailleries et mufleries[56] ». Trente ans plus tard, Jean d'Ormesson se souvient de la réaction de ses confrères lorsqu'il a proposé la candidature de Yourcenar : « La stupeur et en partie l'indignation. [...] Le ton est monté gravement. [...] Ça a été très dur ». Il ajoute que plusieurs académiciens se sont vus obligés de voter pour elle afin d'éviter un scandale, « mais beaucoup l'ont fait à contrecœur, disons-le franchement[57] ».

Carlo Bronne, parrain de Yourcenar à l'Académie royale de langue et de littérature françaises de Belgique, suit l'affaire depuis Bruxelles. Il lui écrit le 24 décembre 1979, faisant très certainement référence à l'émission *Apostrophes* du 7 décembre :

> La radio et la TV m'apportent des rumeurs et des images qui contrastent avec les mesquines tergiversations de certain cénacle et j'admire votre imperturbable dignité. Quelle que soit la décision, vos amis belges auront au moins eu le mérite de n'avoir ni hésité ni attendu.

Et au lendemain de l'élection, il lui écrit à nouveau :

> J'ai bien des motifs de me réjouir ! et même de m'enorgueillir. Il y a dix ans déjà que j'ai eu l'insigne honneur de vous accueillir à l'Académie Royale. [...] Mon ami Roger Caillois aura l'éloge qu'il mérite[58] (Lettre du 7/3/80).

Comme on peut le lire dans le *New York Times Magazine* du 18 janvier 1981, « Mme Yourcenar's nomination to the Academy caused a national furor[59] ». Hélène Carrère d'Encausse remarque que « la bataille qui s'engagea autour, non de cette candidature, mais du principe même

---

55   *Le Devoir*, du 22/3/80.
56   *Paris Match* du 21/3/80. On pourra consulter J. Savigneau, *op. cit.*, p. 401, pour les critiques, parfois basses, qui lui sont faites. Voir aussi M. Goslar, *Yourcenar, qu'il eût été fade d'être heureux*, Bruxelles, Racine, 1998, p. 306. Désigné désormais par *Biographie*, et la page.
57   « Jean d'Ormesson se souvient de Marguerite Yourcenar. Il y a 30 ans... Une première femme à l'Académie française », émission de Canal Académie du 28 février 2010.
58   Lettre du 7/3/80, *Ms Fr* 372 (105). Les autres lettres de C. Bronne à Yourcenar sont à la cote *Ms Fr* 372.2 (2114).
59   Article de Deborah Trustman : « L'élection de Mme Yourcenar à l'Académie a provoqué un scandale national ».

d'une élection féminine fut l'une des plus mémorables de l'histoire académique, ne le cédant guère à la Querelle des Anciens et des Modernes qui avait divisé la Compagnie au XVIIe siècle[60] ». Il semble qu'à cette Querelle des Anciens et des Modernes (pour ou contre l'innovation) se soit superposée une Querelle des Anciens et des Modernes en termes de date d'entrée sous la Coupole, et il a en effet été remarqué que la plupart des académiciens favorables à Yourcenar avaient été élus dans les années 70, tandis que la majorité des opposants, étaient entrés avant. Les journaux soulignent qu'il s'agit peut-être d'un « conflit de générations[61] », impression confortée par les protestations d'André Chamson : « Les nouveaux venus n'ont pas à nous faire la leçon[62] ».

La situation a paru si surprenante et si amusante à l'étranger, qu'un auteur québécois a écrit une pièce légère en 1980, mettant en scène ces combats aussi épiques que ceux du *Lutrin* de Boileau. Louis-Paul Béguin a fait paraître, peu après l'élection, un *Yourcenar ou le triomphe des femmes*[63]. Il s'agit d'une pièce en trois actes et en vers classiques, d'une vingtaine de pages, mettant en scène le roi ; Anémone, confidente de Yourcenar, qui cachent, mais si peu, le Président de la République et son épouse ; Oraison, défenseur de sa cause et sous lequel on reconnaît aisément d'Ormesson ; Chausson et Duron, opposés à la candidature de Yourcenar, dont les noms font étrangement songer à Chamson et Druon… Il n'est pas sûr que Yourcenar ait apprécié ce texte dans lequel L-P. Béguin lui fait dire :

> […] la page où j'aime que s'étale
> La pensée émanant de ma tête chenue (p. 8)

ni surtout l'argument d'Oraison pour la convaincre :

> « Oui, me dit-il, vos sœurs, là-bas, veulent combattre
> Pour leur égalité ». Je sentis mon cœur battre
> À ces mots dignement prononcés. Et plus tard,
> Par un tel argument est rendue Yourcenar (p. 8).

Ayant reçu l'ouvrage avec une dédicace de l'auteur datée du 12 juin 1980, elle en fera don à la bibliothèque de Bowdoin College avec une

---

60   « Des femmes à l'Académie française ? », *Site de l'Académie française*, 6/12/2012.
61   *Le Point* du 3/3/80.
62   *Paris Match* du 30/11/79 ; voir aussi *L'Express* du 8/12/79.
63   Éditions Janus, Montréal, 2e trimestre 1980.

dédicace, datée elle aussi de juin 1980 : « *Pour Bowdoin College This pastiche by a Canadian writer of classical tragedy. An amusing take-off of Academical intrigues in France. M. Yourcenar juin 1980*[64] ».

LA RÉCEPTION ET LES DISCOURS

Si Yourcenar a été rétive aux obligations liées à sa candidature, bien qu'elle ait dû se plier à certaines, elle a également fait preuve d'un brin de désinvolture et d'une belle indépendance après l'élection et à propos de sa réception. Reprochant un jour à Jean Chalon une phrase d'un de ses articles mentionnant le souci qu'elle aurait eu de son public, elle lui fit une réflexion qui pourrait s'appliquer à sa propre attitude à l'égard de l'Académie et qui l'expliquerait peut-être en partie : « Quand me suis-je jamais souciée de savoir si les gens se souciaient ou pas[65] ? ».

Certes, accompagnée selon le protocole, de René de Castries (directeur de l'Académie lors de l'élection), elle a fait le 22 décembre 1980, avec Michel Droit élu en même temps qu'elle, la traditionnelle visite obligatoire à Valéry Giscard d'Estaing, Président de la République et protecteur officiel de l'Académie[66]. Certes, elle a participé, comme il se doit, à la séance obligatoire du dictionnaire, le 15 janvier 1981. Jean d'Ormesson a indiqué à la première biographe de Yourcenar, Josyane Savigneau : « Le mot qui devait échoir à Marguerite Yourcenar était "follette". Nous nous sommes trouvés un peu embarrassés. Nous avons triché et nous lui avons donné "follement"[67] ». Le duc de Castries, dans *La vieille dame du Quai Conti*, donne la même information et ajoute peut-être avec un soupçon de perfidie : « La nouvelle élue nous expliqua pourquoi notre définition n'était pas bonne[68] ». Pourtant, sur le site de l'Académie française

---

64   « Pour Bowdoin College, ce pastiche par un auteur canadien de tragédies classiques. Une amusante caricature des intrigues académiques en France. M. Yourcenar juin 80 ».

65   Juin 1971, *L*, p. 384.

66   Ce dont rendent compte très brièvement quelques journaux le lendemain : *Le Figaro, Le Parisien, Le Quotidien de Paris* notamment.

67   J. Savigneau, *op. cit.*, p. 418.

68   *La vieille dame du Quai Conti*, Librairie académique Perrin, 1978 (et 1985), p. 417.

récemment mis à jour, le mot attribué est « follet[69] ». Le procès-verbal de la séance du 8 janvier précise que le travail du dictionnaire se poursuit jusqu'à « follement », et celui du 15 janvier (jour où Yourcenar était présente) jusqu'à « follet ». Qui croire ?

Évidemment, Yourcenar se pliera aussi à la coutume du discours d'hommage à son prédécesseur, Roger Caillois, mais cela a sûrement été pour elle plus un plaisir et un honneur qu'une corvée.

Elle semble avoir échappé cependant à la lecture de répétition du discours. Le Procès-Verbal du 11 décembre 1980 nous apprend le nom des six académiciens tirés au sort pour entendre le « remerciement » de Yourcenar et la « réponse » de Jean d'Ormesson : J.-J. Gautier, M. Déon, M. Rheims, F. Marceau, A. Decaux, R. de Castries, mais ne mentionne pas les détails de cette répétition. Lors de la séance du 8 janvier 1981, en raison de l'état de santé de M. Yourcenar, les mesures suivantes ont été prises : au moment de la lecture devant la commission, si elle ne peut lire son discours, un de ses parrains le fera à sa place ; et le 22 janvier, elle lira son remerciement de la petite tribune, entourée de ses deux parrains, avant de retourner à sa place. Le jour de la répétition, « Jean Delay, bien que souffrant d'une laryngite, avait lu le discours de la première dame académicienne afin de lui épargner une fatigue inutile », déclare *France-Soir* du 23 janvier 1981[70]. Michel Déon, interrogé, confirme qu'il était bien présent à cette séance, mais ne répond pas à la question précise : qui a lu le discours lors de la répétition[71] ?

Les deux parrains sont Jean Delay et Maurice Schumann. C'est elle qui les a choisis : M. Schumann lui a demandé cette faveur dans une lettre du 23 juillet 1980 : « Il vous faudra deux parrains silencieux. Si j'étais l'un d'entre eux, vous mettriez le comble à ma gratitude et à ma fierté[72] ». Une note manuscrite indique que Yourcenar a demandé à Jean d'Ormesson conseil pour le choix des parrains le 23 août[73]. Le 26 août, M. Schumann la remercie de l'avoir choisi avec Jean Delay :

---

69 La définition se trouve sur le site de l'Académie à la page « Yourcenar ».
70 Florence Delay, consultée, confirme qu'en raison de l'état de santé de Yourcenar, c'est l'un de ses deux parrains qui devait lire à sa place, très probablement Jean Delay car Maurice Schumann avait des problèmes de vue (message courriel du 25/4/2016).
71 Lettre du 25/8/2016.
72 *Ms Fr* 372 (690).
73 Mention sur une lettre à C. de Bosson, *Ms Fr* 372 (857).

Delay se portait mieux, votre choix accélère sa guérison. Sa réponse tient en trois mots : « enthousiasme et gratitude ». Merci pour lui et merci pour moi (*Ibid.*).

Deux jours plus tard, elle remercie Jean Delay :

Mille mercis pour l'acceptation de me servir de « parrain silencieux ». Je m'en sentirai d'autant plus forte et, oserais-je dire, plus rassurée, en présence de cette assemblée à laquelle j'aurai à apparaître (ou à « comparaître ») le 22 janvier[74].

Il n'est pas excessif de parler de désinvolture pour la façon dont Yourcenar s'est comportée : départ en croisière dans les Caraïbes le jour même de l'élection (est-ce avoir mauvais esprit que de se demander pourquoi elle a choisi ce jour-là précisément ?), première interview donnée une semaine après l'événement[75], présentation de ses remerciements par voie de presse. En effet, début avril, elle écrit à Jean Chalon, journaliste au *Figaro* :

Puis-je vous demander s'il serait opportun et possible de faire publier dans la partie littéraire du *Figaro* un entrefilet indiquant qu'incapable de répondre à chaque correspondant en particulier, je remercie tous ceux qui ont bien voulu m'écrire, et pour leurs félicitations, et pour leur intérêt pour mes œuvres. Vous savez sûrement si cela se peut et comment on procède (lettre du 5/4/80, dans *L*, p. 628-629).

Le 6 mai, *Le Figaro* fera paraître l'entrefilet suivant :

Les remerciements de Yourcenar : Marguerite Yourcenar déclare forfait. Depuis son élection à l'Académie française, elle a reçu tant de lettres qu'elle se voit dans l'impossibilité de répondre à chacune d'entre elles. Elle prie donc ses correspondants et ses correspondantes de trouver ici ses remerciements pour leurs félicitations et pour l'intérêt porté à ses ouvrages.

En outre, l'échange avec Jean Mistler, alors Secrétaire perpétuel, semble difficile. Jean d'Ormesson suggère à Yourcenar de s'adresser directement à lui pour lui demander des conseils avant la réception, afin de ne pas le vexer[76]. La notice bio-bibliographique qu'elle enverra (lettre du 27/3/80) sera si succincte que Mistler n'appréciera pas (voir

---

74   Bibliothèque littéraire Jacques Doucet, fonds Delay, cote DLY d 180.
75   A. Halley, *op. cit.*, p. 75.
76   Lettre du 8/5/80, *Ms Fr* 372 (578).

annexe 4). Trois pages sont prévues, et Yourcenar en a rempli au plus le tiers d'une… Elle s'en excuse auprès de lui : « Je regrette que la notice biographique paraisse si courte, mais je n'ai guère trouvé autre chose à ajouter qui ne me paraisse pas dénué d'intérêt ou inutile[77] ». Elle écrit également à J. d'Ormesson : « Je regrette infiniment que M. Mistler ait pu voir de la désinvolture dans ma très brève biographie[78] ». Dans une lettre du 19 juin, dont Cécile de Bosson, responsable du secrétariat, accuse réception le 30, elle tient à nouveau le même discours à Jean Mistler :

> Je me rends compte que la brièveté de mon esquisse biographique, biblio-graphique ont pu déplaire. Mais pour la première, je ne voyais en vérité rien d'autre que des détails d'ordre strictement privé, ou une fastidieuse énumération de voyages (*MS Fr* 372 (857)).

Et elle envoie une liste de prix et d'honneurs pour compléter. Bien que mal à l'aise, comme son courrier le laisse voir, elle ne changera quasiment rien à ce qu'elle a décidé au départ, ne cédant que sur la bibliographie qui devient un document de trois pages, et ajoutant quelques points biographiques assez généraux. Dans la lettre d'accompagnement des documents, elle ajoute une liste des honneurs qu'elle a reçus. Le texte est assez révélateur de sa désinvolture, puisqu'après avoir dit qu'elle avait oublié de donner des indications « avec précision », les dates qu'elle fournit sont ponctuées de « je crois », « vers la même époque », « si je ne fais pas erreur[79] » ! Vérifications faites (peine qu'elle n'a pas prise elle-même), nous découvrons que le doctorat *Honoris causa* de Smith College date de 1961 et non de 1968, celui de Bowdoin College de 1968 et non de 1969… (Annexe 2).

Depuis le début, nous y reviendrons, elle a voulu mener le jeu et a pu imposer un certain nombre de ses points de vue et exigences, ne voulant jamais transiger, prenant même un malin plaisir à contrarier ses confrères. Étant donné qu'elle refuse l'épée et le costume d'académicien, la presse s'est complu à rapporter ces détails somme toute secondaires. On la sent fière de son attitude lorsqu'elle dit à un journaliste : « J'ai refusé de porter l'uniforme de l'Académie […] Et bien sûr, j'ai refusé le présent traditionnel de l'épée. Mais j'ai reçu, de donateurs volontaires, une

77   Lettre du 14/4/80, *MS Fr* 372.2 (4124).
78   Lettre du 20/5/80, dans *L*, p. 636.
79   Lettre du 19/6/80 à C. de Bosson, *Ms Fr* 372 (857).

monnaie d'Hadrien[80] ». À propos de l'épée qu'elle trouve « ridicule[81] », nous pouvons lire dans *France Soir* du 8 mars 1980 :

> Un long crayon, nous a-t-elle dit, muni d'une gomme, la remplacerait avantageusement. [...] Une boutade qui l'avait mise en joie, tout comme la perspective de voir un jour trente-neuf femmes et un seul homme siéger sous la Coupole.

Dans l'échange de lettres avec J. d'Ormesson à propos du cadeau qui doit remplacer l'épée, ce dernier fait une liste amusante et ironique d'objets possibles, mais Yourcenar réagit bien et en rit :

> Quant à l'énumération [...] d'une broche, un diadème, un éléphant vivant (que j'aimerais l'accepter, mais il me faudrait aussi une écurie et un cornac, et les enfants du village ne quitteraient plus ma porte), ou d'une piscine de porphyre, votre imagination entraîne la mienne (lettre du 20/5/80 dans *L*, p. 635).

Plus sérieusement, elle remarque qu'une dague magique à tuer le Moi serait plus appropriée, et elle suggère, entre autres objets, un *aureus* d'Hadrien, (pièce d'or à l'effigie de l'empereur) que finalement ses amis choisiront et lui remettront le mardi précédant la réception, chez les Gallimard, où Maurice Rheims a prononcé le discours[82].

Son habillement est encore plus commenté par les journaux du 23 janvier, lendemain de la réception. *Le Figaro* titre « Yourcenar en Saint-Laurent ». Les réactions vont de l'admiration à la moquerie en passant par l'étonnement. Si, dans *L'Événement*, Georges Sion la trouve « drapée de noir et de blanc, [...] noble comme une maharani qui viendrait trouver son peuple », si *Le Figaro* la décrit « telle une hindoue drapée dans un sari, au son des tambours dramatiques, encadrée par une foule d'hommes aux petits soins, en habits brodés », *France Soir* la compare à « une mariée insolite, voilée de mousseline blanche », et J.-M. Rouart, dans *Le Quotidien de Paris*, est franchement moqueur : « Avec le long voile blanc qui enveloppait son visage, on aurait pu croire à l'apparition, sous la Coupole, d'une de ces dames blanches qui hantent les légendes

---

80 *Portrait d'une Voix*, Paris, Gallimard, 2002, p. 392 (désormais indiqué *PV*).
81 *Le Figaro* du 7/1/81.
82 *France-Soir* du 23/1/81. Voir aussi *Le Matin* du 22/1/81 et *La Cité* du même jour. Il n'a pas été possible de trouver d'information sur les amis qui composaient le comité pour le cadeau ni sur le discours de M. Rheims.

d'Europe Centrale[83] ». Visiblement, la presse était à l'affût et le costume choisi par la première académicienne l'a passionnée, ce qui fera écrire à Georges Sion : « Pour Marguerite Yourcenar, le bourdonnement très parisien (quelle tenue ? un uniforme à inventer ?) est dérisoire à côté d'un talent admirable[84] ». Les amis belges de Yourcenar éprouvent, en cette circonstance, un léger sentiment de supériorité ou tout au moins de satisfaction puisque leur Académie, depuis les débuts de son existence en 1920, a admis sans aucun ostracisme les femmes et les étrangers.

À ce propos, les archives de l'Académie révèlent qu'un dessinateur de mode de Pau, Olivier Aneü, avait correspondu avec Maurice Genevoix de 1963 à 1970 pour lui proposer ses services en cas d'élection d'une femme, croquis à l'appui. Genevoix lui ayant répondu qu'il déposait « en lieux sûrs aux Archives de l'Académie » ses projets[85], O. Aneü a contacté Jean Mistler dès qu'il a su qu'il était question d'élire Yourcenar[86]. Une femme à l'Académie ne présentait pas seulement des avantages sur le plan intellectuel ou du point de vue de la promotion des femmes dans la société française…

Mais nous parlions du comportement de Yourcenar. À lire les lettres de Jean d'Ormesson avant l'élection, se dégage l'impression qu'il est prêt à accepter toutes les conditions qu'elle imposera, pour qu'elle donne son accord, comme si son rôle était de la rassurer, d'abonder dans son sens, de dire oui à tout, afin qu'elle finisse par dire « oui » à son tour. Après l'élection, il continue sur le même registre. Dans la lettre du 23 juin 1980, il lui dit : « Pas question de je ne sais quel uniforme […] ce que vous déciderez sera accepté sans restriction ni murmure ! » Le mois précédent, il la rassurait à propos du discours : « Sentez-vous […] aussi libre que possible. On peut tout dire, absolument tout et quant au temps[87], vous êtes juge et maîtresse[88] ! » Dans cette même lettre, il lui donne carte blanche pour la réception : « Après le discours, la coutume est de recevoir les amis. C'est terrible. Je vous conseille, si vous me le

---

83   M. Galey raconte également la réception de façon très négative dans son *Journal*, *op. cit.*, p. 161 : « Rien d'une réception académique : quelque chose comme une intronisation du Tastevin, ou le jubilé de la reine Victoria. […] L'entrée de Marguerite est assez stupéfiante ».
84   *La Revue générale*, n° 4, avril 1980.
85   Lettre du 16/12/70, cote 5B58.
86   Lettres du 20/11/79 et du 3/12/79.
87   Il s'agit ici de choisir la date de la cérémonie de réception.
88   Lettre du 8/5/80.

permettez, de renoncer purement et simplement à ce rite mondain ». Il n'y aura donc pas de cocktail, autre entorse à la tradition, et le fait sera remarqué par certains journaux[89]. En revanche, s'éclipsant après les discours, elle fait chez un ami une réception privée à laquelle aucun académicien n'a été convié, pas même Jean d'Ormesson, ce qui est interprété comme marque d'« un certain dédain[90] ».

Enfin, plusieurs journaux relèvent, nouvelle entorse au protocole, qu'elle a lu son discours assise et non debout selon la tradition[91]. Nous n'avons malheureusement pas retrouvé de lettre dans laquelle Yourcenar aurait parlé de sa santé et nous ignorons si ces dispositions ont été proposées par elle ou si le père Carré en a eu l'idée. Le Procès-verbal de la séance du 8 janvier mentionne simplement qu'il a reçu des informations « concernant l'état de santé de Mme Yourcenar » (Archives Académie française, 2B23).

Le seul point sur lequel Jean d'Ormesson n'a pas cédé et a obtenu gain de cause, est celui de la séance de réception publique plutôt que privée. Devant les hésitations de Yourcenar, pour une fois, il insiste. Dans sa lettre du 8 mai 1980, il lui concède que Montherlant[92] avait lu son remerciement en petit comité et qu'elle pourrait faire de même, mais Mme Caillois « aurait peut-être l'impression qu'on escamote un peu le dernier grand hommage à Roger ». Cet argument semble avoir porté car Yourcenar a finalement accepté la séance publique. Elle lui répond quelques jours plus tard, se ménageant toutefois une possibilité de revenir en arrière : « Dites à la charmante Mme Caillois, si vous la voyez, que je tâcherai, si humainement possible, de choisir la solution qu'elle préfère[93] ». D'après M. Galey, Jean-Jacques Gautier, « l'un de ses plus ardents défenseurs à l'Académie », aurait dit :

> Elle ne nous facilite pas la tâche avec ses déclarations fracassantes. La voilà qui prétend lire son discours de réception en privé, chez un "académicien ami" : je me demande s'il lui en restera… Elle va peut-être se rendre si odieuse, la chère âme, que ces messieurs n'éliront plus une femme après elle. Mais c'est son plan, qui sait ? En tout cas, cela ne lui déplairait pas. Mais

89   *France Soir* du 23/1/81 ; *Le Monde* du 24/1/81.
90   M. Goslar, *Biographie*, p. 306.
91   *Le Figaro* du 22/1/81.
92   Amin Maalouf, *Un fauteuil sur la Seine, Quatre siècles d'histoire de France*, Paris, Grasset, 2016, p. 287, mentionne également l'anecdote.
93   Lettre du 20/5/80, dans *L*, p. 636.

c'est tout de même drôle d'entrer à l'Académie à reculons, comme les ânes
(*op. cit.*, mars 80, p. 123).

Yourcenar fera son discours d'hommage à Roger Caillois selon la
tradition. À l'Académie française, le récipiendaire présente d'abord son
« remerciement », qui est suivi par le discours d'accueil d'un académicien.
Dans une lettre datée du 1er juillet 1980, Jean d'Ormesson annonce à
Yourcenar que Jean Mistler lui a demandé s'il souhaitait s'en charger
et il veut savoir si elle est d'accord. Il explique que normalement c'est
le Directeur de l'Académie qui fait ce discours, mais qu'en réalité il y
a une grande liberté en la matière. Cette information est confirmée par
le Procès-verbal du 20 mars 1980 où il est précisé que J. d'Ormesson
accepte volontiers de la recevoir, « bien que n'étant pas candidat ».
Yourcenar écrit à J. Mistler : « J'apprends avec un très grand plaisir que
Monsieur Jean d'Ormesson a bien voulu se charger du discours destiné
à répondre au mien[94] ».

Le lendemain de la réception, la presse est dans l'ensemble louangeuse ;
de nombreux journaux en rendent compte : *Le Monde* écrit que « ce
"remerciement" est tout bonnement un chef-d'œuvre » ; le journaliste
de *La Voix du Nord* trouve que « son discours sera sans doute l'un des
plus beaux et des plus élevés qui aient jamais été prononcés dans ce
lieu que tant de grands esprits cependant ont fréquenté ». *Le Journal de
Genève* parle d'un « éloge éblouissant rendu à un grand esprit par un
autre grand esprit[95] », et G. Sion estime que « M. Yourcenar, en une
heure, a merveilleusement récompensé ceux qui ont voulu pour elle le
fauteuil de Roger Caillois[96] ».

De nombreux journaux feront l'effort de résumer les deux discours
de réception, et même d'en citer de larges extraits. Celui de Yourcenar
comporte deux parties : une introduction de circonstance et l'éloge de
son prédécesseur, Roger Caillois, qu'elle appréciait. Elle fera plus tard
éditer la partie concernant Caillois sous le titre « L'homme qui aimait les
pierres » dans *En Pèlerin, en étranger*, ôtant toute référence à son discours,
comme si seul comptait pour elle l'essai sur Caillois et non l'occasion
qui l'avait suscité. Cependant, seule la première partie retiendra ici notre

---

94   Lettre du 14 juillet 80, *MS Fr* 372 (986).
95   Voir aussi *La Nouvelle Revue des deux Mondes* de janvier-mars 1981 qui trouve son texte
     « d'une exceptionnelle hauteur » ; ainsi que *Le Figaro* et *Le Monde* du 24/1/81.
96   *L'Événement* du 31/1/81.

attention. Beaucoup devaient être curieux en effet de ce que Yourcenar dirait à ces messieurs qui avaient mis tant d'obstacles à son élection, et pas toujours de façon franche ni élégante ; de ce qu'elle dirait de cette situation exceptionnelle de l'entrée d'une femme à l'Académie, elle qui ne voulait pas être une figure du féminisme.

L'ironie de son discours a été relevée par la presse : « Voilà l'Académie blanchie de sa misogynie », explique *Le Monde* du 23 janvier 1981. Et *Le Journal de Genève* du même jour souligne qu'« elle saluait [...] avec élégance ceux des académiciens qui auraient pu préférer que la tricentenaire académie restât longtemps encore fermée aux femmes ». La malice de Yourcenar est flagrante :

> J'ai trop le respect de la tradition, là où elle est encore vivante, puissante, et, si j'ose dire, susceptible, pour ne pas comprendre ceux qui résistent aux innovations[97].

Se disant entourée « d'une troupe invisible de femmes qui auraient dû, peut-être, recevoir beaucoup plus tôt cet honneur », elle développe un long paragraphe sur les femmes qui ne sont pas entrées à l'Académie, justifiant, raillerie suprême, les académiciens de ne pas leur avoir ouvert les portes de l'illustre institution et de ne pas avoir accepté Mme de Staël parce qu'elle était étrangère, George Sand à cause de la turbulence de sa vie, et Colette parce qu'elle n'avait pas sollicité leurs voix, terminant ainsi :

> Je n'ai donc pas lieu de m'enorgueillir de l'honneur si grand certes mais quasi fortuit et de ma part quasi involontaire qui m'est fait (p. 4).

Derrière l'ironie, qui n'est jamais innocente, perce un autre sentiment : celui d'une grande froideur, d'une absence d'amitié ou de complicité, très visible. Ses premiers mots sont : « Comme il convient, je commence par vous remercier de m'avoir, honneur sans précédent, accueillie parmi vous ». Le « comme il convient » est rude, terriblement brutal, frisant l'hostilité. Si Yourcenar ne voulait pas d'épée, refusant le port d'arme même symbolique, elle n'en savait pas moins manier la hache de guerre ! Un certain dédain peut-être pour la Compagnie, ou en tout cas pour

---

97 *Discours prononcés dans la séance publique tenue par l'Académie française pour la réception de Madame Marguerite Yourcenar, le 22 janvier 1981*, Institut de France, Académie française, Firmin Didot, 1981. On le trouve également sur le site de l'Académie française.

une partie de ses membres, s'entend lorsqu'elle conclut cette première partie : « Parmi les privilèges qui me sont échus, je n'en connais pas de plus haut que celui d'avoir à faire l'éloge d'un grand esprit ».

Dans sa réponse, Jean d'Ormesson va également jouer sur l'ironie et le coup de griffe, mais de façon plus légère. Le brillant et l'humour de son discours ont d'ailleurs été relevés par les journaux. Parlant à propos de son œuvre d'« une des proses les plus pures de la littérature contemporaine », il justifiera son engagement pour la faire élire par l'idée que « l'avenir sans le passé est aveugle, le passé sans l'avenir est stérile ». Sans doute pour se garder de certaines critiques, il précisera : « Je ne vous connais pas [...] jusqu'à ces tout derniers jours je ne vous avais jamais rencontrée » ; ce qui coupe court à tout soupçon de favoritisme[98]. Provocateur lui aussi, il s'adressera aux académiciens qui lui ont permis

> de prononcer devant vous sans que le ciel me tombe sur la tête, sans que s'écroule cette Coupole, sans que viennent m'arracher de mon fauteuil les ombres indignées de ceux qui nous ont précédés dans cette lignée conservatrice d'un patrimoine culturel où, fidèles à l'étymologie, nos pères semblent s'être livrés depuis toujours et tout seuls à une espèce d'équivalent masculin et paradoxal de la parthénogenèse – un mot inouï et prodigieusement singulier : "Madame".

Et il termine son introduction par un autre trait, s'adressant à Marguerite Yourcenar, « espèce d'*apax* du vocabulaire académique » qui constitue à elle toute seule « un des événements les plus considérables d'une longue et glorieuse histoire » (Site de l'Académie française).

Il y a bien quelques bémols au concert de louanges, notamment sur la façon de lire de Yourcenar que certains trouvent un peu trop monocorde[99]. Le plus méchant est Roger Peyrefitte qui écrit un long article venimeux dans *Le Quotidien de Paris* du 23 janvier 1981 où il relate la cérémonie de réception de façon très critique : « Ce fut quelque chose d'étonnant que le discours de Marguerite Yourcenar », discours qu'il trouve ennuyeux. Il parle d'elle comme d'une « usurpatrice », et ne recule pas devant les contre-vérités, faisant d'elle une « française de fraîche date ». Mais cela n'a guère dû émouvoir Yourcenar qui, dans une lettre de 1977 à Jeanne Carayon, évoquait Roger Peyrefitte, « ignoble voix »,

---

98 Une dépêche de l'*AFP* rapporte un propos de Yourcenar sur Jean d'Ormesson qui le confirme : « Il a été d'une gentillesse infinie ; d'autant plus que je ne le connais pas », cité par A. Halley, *op. cit.*, p. 74.

99 *Le Soir* et *le Quotidien de Paris* du 23/1/81.

« d'une bassesse et d'une platitude non mitigées[100] ». Déjà, dans une lettre de 1953 à Paul Dresse, elle avait commenté un livre de R. Peyrefitte de façon assez négative, parlant de « persiflage un peu lourd[101] ». Quant à Jean Dutourd, académicien parmi ses opposants ardents, il n'acceptera jamais son élection, puisque des années plus tard, il parlera de « cette bonne femme qui n'a absolument aucun talent[102] ». Venant de Dutourd, l'accusation fait sourire.

D'autres critiques portent sur la langue de Yourcenar, non celle qu'elle utilise dans le discours, mais en d'autres occurrences. *Le Figaro* relève dans ses textes des anglicismes et des « néologismes », pour ne pas dire barbarismes[103]. M. Galey le relève également en mars 1980 dans son *Journal* :

> Dans le manuscrit de Yourcenar que je tape – et corrige – elle déclare qu'elle n'est pas opposée à "l'abortion", anglicisme à la rigueur excusable après quarante ans de séjour aux USA, bien que pour une académicienne… mais que penser de "propensité" ? Sans parler, bien sûr, des phrases bancales et emberlificotées que j'essaie de remettre sur pied (*op. cit.*, p. 123).

Matthieu Galey est sans doute très amer, car il a contribué à la notoriété de Yourcenar, ayant été le premier à lui consacrer, en 1972, une longue émission télévisée, et ayant également édité un recueil d'entretiens avec elle en 1980, *Les Yeux ouverts*. Ce sont précisément ces entretiens qui ont, semble-t-il à la lecture de son journal, détérioré leurs relations, Yourcenar retardant la parution de l'ouvrage : elle lui annonce au téléphone qu'elle ne lui donnera pas les pages corrigées nécessaires pour la publication avant des mois, « sereine, à peine aimable, durcie par la gloire semble-t-il, jusqu'à l'inoxydable[104] ». De plus, elle a refusé qu'il participe à l'émission *Apostrophes* qui lui a été consacrée une semaine avant la réception, pour parler de ce livre :

> C'est Pivot qui m'appelle, très embêté. Yourcenar ne veut plus ni de moi, ni même parler de mon livre […] Elle dit que c'est "mon" livre, qu'elle n'y est

100 *L*, p. 575.
101 *D'Hadrien à Zénon, Correspondance 1951-1956*, Paris, Gallimard, 2004, p. 245-246, désormais indiqué par *HZ*.
102 *Journal de la Culture* de septembre 2004.
103 Articles du 18/4/80 (« Des épines pour Marguerite ») et du 16/5/80 (« Anglicismes yourcenariens »), signés Aristide.
104 6/4/80, *op. cit.*, p. 126.

pour rien, que cette émission doit lui être consacrée à elle seule et non à la littérature annexe. [...] C'est toujours passionnant de découvrir la petitesse des plus grands (*op. cit.*, p. 152)[105].

En effet, Bernard Pivot mentionnera le livre seulement à la fin de l'émission, en en faisant l'éloge : « Ce sont des entretiens qui sont tout à fait intéressants, qui sont très bien menés et qui et [...] ce livre donne forte envie de lire ou de relire vos ouvrages ». Silence de Yourcenar, et Pivot passe immédiatement à un autre titre[106].

La réception de la première femme à l'Académie a eu, comme c'était prévisible, les honneurs de la presse, des médias, du public. Comme le dit Daniel Garcia, elle « pulvérisa l'audimat[107] ». Valéry Giscard d'Estaing était présent ce qui, selon J. Savigneau, est exceptionnel[108]. Mais *Le Soir* du 23/1/81 s'interroge : « Pourquoi MM. Chamson et Guitton n'ont-ils pas revêtu l'habit ? Mini-grève du vert, en guise de silencieuse protestation ? ». La cérémonie sera télévisée et retransmise intégralement et en direct à la télévision sur FR3, à 14h40[109], ce qui est également exceptionnel[110].

Cette retransmission télévisée a d'ailleurs fourni à Yourcenar une nouvelle occasion de tenter d'imposer ses conditions : dans une lettre du 23 août 1980, elle écrit à Cécile de Bosson, secrétaire de Jean Mistler, qu'ayant appris par Claude Gallimard que la séance de réception serait télévisée, elle accepte, bien que cela rende trop publique « une réception [qu'elle aurait] aimée aussi discrète que possible ». Elle tient cependant beaucoup, si c'est le cas, à ce que son « ami, Monsieur Claude Contamine, directeur de la troisième chaîne, soit en charge de cette émission[111] ». Au bas de cette lettre, une mention manuscrite précise : « Lettre à la même date à Jean d'Ormesson faisant la même requête ». C. de Bosson répond assez sèchement, lui rappelant que pour une éventuelle

---

105 Il nous apprend que Yourcenar regrette de « s'être exagérément "déshabillée" » dans *Les Yeux ouverts* (*op. cit.*, p. 183). Mais il pense aussi que « toutes ces publicités disant : "le meilleur portrait, la voix inimitable" etc... ont dû lui porter sur les nerfs. Ou alors c'est son image qu'elle ne supporte plus », (*op. cit.*, p. 152).

106 Transcription de l'émission *Apostrophes* du 16 janvier 1981, Antenne 2.

107 D. Garcia, *op. cit.*, p. 139.

108 *op. cit.*, p. 417.

109 *La Cité; Le Matin* du 22/1/81.

110 J. Savigneau, *op. cit.*, p. 417.

111 *MS Fr* 372 (857). Elle écrit la même chose le même jour à Claude Gallimard : *Ms Fr* 372.2 (5539).

retransmission télévisée, « il appartient à la Compagnie, et à elle seule, d'en donner l'autorisation. À [s]a connaissance, l'Académie n'a pas encore été consultée à ce sujet[112] ». Yourcenar tente de dissiper le « malentendu », disant qu'elle ne désire pas que la séance soit télévisée, mais qu'elle tient l'information de Claude Gallimard. Elle ajoute néanmoins, ne craignant pas d'insister, que dans ce cas, elle souhaite que Claude Contamine soit chargé de l'émission[113].

Étonnant changement d'attitude entre mai et août, passant d'une réception en petit comité à une retransmission en direct à la télévision ! Quoi qu'il en soit, l'émission a bien eu lieu, et a été diffusée sur la 3e chaîne : Yourcenar, une fois de plus, a obtenu ce qu'elle désirait. Le Procès-verbal de la séance du 27 novembre 1980 mentionne une lettre de M. Claude Contamine, Président de FR3, sollicitant l'autorisation de retransmettre la réception en direct, ce que les académiciens acceptent. L'anecdote est d'autant plus intéressante que quelques mois plus tôt, l'Académie avait refusé la retransmission en direct de la réception d'Alain Decaux pour ne pas « privilégier un membre de l'Académie par rapport à ses confrères[114] » et avait accordé seulement une retransmission en différé le soir même de la réception, vers 21h, pendant une heure d'antenne environ[115]. Décidément, rien ne résiste à Marguerite ! J. Savigneau indique que l'émission a été produite par Maurice Dumay, autre ami de Yourcenar[116]... C'est d'ailleurs avec lui et quelques autres qu'elle ira fêter son entrée sous la Coupole et non avec ses nouveaux confrères (*op. cit.*, p. 417).

---

112 Lettre du 1/9/80, *MS Fr* 372 (857).
113 Lettre du 11/9/80, *Ms Fr* 372 (857).
114 PV du 31/1/80.
115 PV du 7/2/80. La première réception télévisée avait eu lieu à l'occasion de l'entrée d'Alain Peyrefitte en 1977 (Jean-Pol Caput, *L'Académie française*, PUF, 1986, p. 109). Mais a-t-elle été diffusée en direct ? La réception d'Edgar Faure a également été télévisée, en 1979.
116 Yourcenar a rencontré Maurice Dumay et Jerry Wilson en 1978 pour une émission de télévision. Ils deviendront très proches (J. Savigneau, *op. cit.*, p. 379-419).

LE LONG CHEMIN VERS L'ACADÉMIE

Le bruit autour de l'élection de la première femme à l'Académie cache un peu le long chemin parcouru par Yourcenar avant d'arriver jusque-là ainsi que les étapes qui l'ont jalonné. Il est certain que c'est la parution de *Mémoires d'Hadrien* en 1951 qui l'a fait connaître du grand public, que le succès de *L'Œuvre au noir* en 1968 a consolidé sa réputation et sa place dans le monde littéraire ; il n'est pas moins vrai que le coup d'envoi de la course vers l'Académie a été donné en 1977 par le Grand Prix de l'Académie française qui récompensait l'ensemble de l'œuvre ainsi que par l'article de Jean Chalon dans *Le Figaro* du 26 novembre 1977, car ce n'est pas du jour au lendemain que Yourcenar est sortie comme un diable hors de sa boîte. En effet, elle avait écrit pendant une trentaine d'années avant de devenir l'écrivain dont on parle.

Elle a commencé à écrire très jeune, des poèmes d'abord, publiés à compte d'auteur par son père[1] lorsqu'elle avait dix-huit ans ; œuvres de jeunesse qu'elle a reniées plus tard et dont elle a toujours interdit la réédition. Les années 30 ont été fécondes en œuvres courtes : son premier ouvrage édité a été *Alexis ou le traité du vain combat* en 1929, suivi de son essai sur *Pindare* en 1932. Puis ce furent *Denier du rêve* (1934), *Feux* (1935), *Nouvelles orientales* (1938), ainsi que sa toute première pièce de théâtre, écrite au début des années trente mais publiée en 1939, « Ariane ou l'aventurier[2] ». Pendant la même période, elle a également fait paraître plusieurs essais dans diverses revues[3], et a traduit deux romans : *Les Vagues* de Virginia Woolf et *Ce que savait Maisie*, de Henry James, qui ne serait publié que dix ans plus tard. Tous les titres

---

1   *Le Jardin des chimères*, Paris, Perrin, 1921 ; *Les Dieux ne sont pas morts*, éditions Paris, Sansot, 1922.
2   Dans *Cahiers du Sud*, août-sept. 1939, p. 80-106.
3   Une vingtaine d'articles, dont six paraissent dans *Le Manuscrit autographe*, quatre dans *Le Voyage en Grèce*, trois dans la *Revue bleue* et deux dans *Les Nouvelles littéraires*. Les autres se répartissent dans différentes revues.

qui ont contribué à la célébrité de Yourcenar ne doivent d'ailleurs pas
faire oublier son activité de traductrice qui a été très importante : les
poèmes du grec Constantin Cavafy en 1958 ; *Fleuve profond, sombre rivière*,
traduction de negro-spirituals, en 1966 ; traduction d'une vingtaine de
poèmes de l'américaine Hortense Flexner en 1969 ; *La Couronne et la
lyre*, anthologie de poésie grecque antique, en 1978.

Pendant la seconde guerre mondiale, alors qu'elle était aux États-
Unis, elle a dû travailler pour gagner sa vie, et sa production s'en est
ressentie. Elle a cependant écrit des pièces de théâtre[4] et publié trois
essais dans la revue *Lettres françaises*, dirigée par Roger Caillois alors à
Buenos Aires[5]. Mais c'est après la fin de la guerre qu'elle s'est remise
sérieusement à écrire. Ses biographes ont laissé entendre que l'assistance
de Grace Frick, sa compagne et traductrice de ses œuvres en anglais, a
joué un grand rôle dans la capacité de travail de Yourcenar qui, entre
1952 et 1977 (Grace est morte en 1979), a publié ses œuvres majeures. Il
faut remarquer également le changement d'attitude de Yourcenar envers
son œuvre et envers ses éditeurs à partir du début des années cinquante.

Après vingt-cinq ans d'écriture pour un cercle confidentiel, en 1951,
avec *Mémoires d'Hadrien*, la notoriété arrive. Mais il faudra encore trente
années pour la consécration de l'Académie française.

---

4   Sur les six pièces de Yourcenar, deux ont été écrites au début des années 30 : *Le Dialogue
     du marécage*, en 1932 ; *Ariane et l'aventurier* écrit en 1932 mais qui paraît pour la première
     fois en 1939. Trois autres l'ont été dans les années 40 : *Le Mystère d'Alceste* et *Électre ou
     la chute des masques* qui paraîtront en revue en 1947 (mais écrites respectivement en 42
     et 43) ; *La petite Sirène* qui date de 1942. Les six pièces ont été publiées en 1971 chez
     Gallimard sous le titre *Théâtre I* et *Théâtre II*.

5   « Mythologie », dans le numéro 11 de janvier 1944 ; « Mythologie II Alceste », dans le
     numéro 14 d'octobre 1944 ; « Mythologie III Ariane-Électre » dans le numéro 15 de
     janvier 1945. Un seul autre essai, sur le poète grec Constantin Kavafis, paraît en 1940
     dans la revue *Mesures*, puis augmenté et révisé en 1944 dans la revue *Fontaine*.

MÉMOIRES D'HADRIEN
Les débuts de la notoriété (1952-1968)

Jean-Denis Bredin, succédant à Marguerite Yourcenar à l'Académie française et évoquant son parcours, rappelle dans son discours de réception que *Mémoires d'Hadrien* « connaît un grand succès. La voici en quelques années transformée en écrivain célèbre[6] ». La parution de *Mémoires d'Hadrien* marque en effet le début de la notoriété et d'une longue série de distinctions honorifiques, dont plusieurs prix littéraires.

En mai 1952, la longue lettre de l'empereur lui vaut le Prix Femina-Vacaresco. Cela fait du bruit. Émile Henriot, de l'Académie française, et membre du jury du Prix des Critiques, raconte les dessous de l'affaire dans *le Monde* du 28 mai 1952 : prévu pour le Prix des Critiques ou celui de l'Académie française, le roman de Yourcenar a obtenu le Vacaresco parce que le jury, en changeant les dates de délibération, a pris de vitesse les autres prix littéraires :

> Yourcenar a été en somme kidnappée, enlevée au Prix des Critiques, par un brusque coup de main du jury féminin. [...] Nous avons tous été un peu pantois, à notre jury des Critiques. Nous étions si sûrs de notre affaire : Mme Yourcenar faisait une si belle et si flatteuse lauréate ! Pensez donc : jusqu'ici assez peu connue, beaucoup de talent, un livre remarquable. Le type même du lauréat qui relevait à la fois de la consécration et de la découverte.

Il remarque enfin que le prix qu'a obtenu Yourcenar n'est pas une très bonne affaire pour elle, ne serait-ce que financièrement : 5 000 F au lieu de 100 000 F, sans parler du prestige. Selon lui, il y a trop de prix : « Le Goncourt, le vrai Femina, l'Interallié ou le Renaudot, le Grand Prix du roman de l'Académie, assurent seuls leurs bénéficiaires d'une grosse publicité et d'une bonne vente ». Yourcenar lui écrit dès le lendemain pour dire qu'elle partage son opinion sur les prix littéraires et pour le remercier de l'avoir choisie pour le prix des Critiques[7]. Il est amusant de voir que dès son entrée sur la grande scène littéraire française, Yourcenar est déjà l'objet d'une dispute... Il est intéressant également

---

6   17/5/90, site de l'Académie française.
7   *HZ*, p. 153.

de noter qu'elle n'hésite pas à écrire aux journalistes ou aux écrivains qui mentionnent son œuvre, pour commenter leurs articles ou, comme dans le cas d'É. Henriot, les remercier.

La réception critique de *Mémoires d'Hadrien* a été importante et à de rares exceptions près, élogieuse[8]. Yourcenar est « un excellent prosateur », un « magnifique écrivain[9] ». Pour A. Lauras, *Mémoires d'Hadrien* est « l'une des meilleures œuvres du genre[10] ». Certains critiques soulignent parfois le fait qu'il s'agit d'un auteur méconnu. Ainsi, Denise Bourdet note-t-elle qu'elle commence à connaître la « grande notoriété que son exceptionnel talent aurait dû lui apporter depuis longtemps[11] ». De grands journaux lui ont consacré de longs articles. La lecture de l'ensemble, publié par le CIDMY, est révélatrice : déjà la presse belge s'intéresse beaucoup à elle ; des académiciens ou futurs académiciens, comme Émile Henriot déjà mentionné[12] ou Marcel Arland[13] qui entrera à l'Académie en 1968, la remarquent.

Cependant, les honneurs ne sont pas extrêmement nombreux pendant toute la décennie et il faudra attendre le début des années soixante pour que la reconnaissance institutionnelle se mette en marche comme une machine un peu lente à démarrer. Mais la première conséquence de la notoriété apportée par *Mémoires d'Hadrien* a été une politique éditoriale nouvelle, ses éditeurs republiant des ouvrages d'avant-guerre dont ils s'étaient peu occupés jusque-là. « Entre 52 et 68, sont republiés avec ou sans corrections [...] *Alexis, Le Coup de grâce, Denier du rêve, Feux, Nouvelles orientales*, en revue les essais qui feront partie de *Sous bénéfice d'inventaire*, les pièces de théâtre[14] ». Autre conséquence, la célébrité que lui vaut *Mémoires d'Hadrien* lui permet de faire jouer sur une scène parisienne une de ses pièces, *Électre ou la chute des masques*. Catherine Gravet et Maurice Delcroix citent une lettre dans laquelle il est clair que

---

8   *Mémoires d'Hadrien de Marguerite Yourcenar. Réception critique 1951-1952*, Bruxelles, CIDMY, 2002. L'article qui émet le plus de réserves est celui de *La libre Belgique* du 23/1/52 (p. 59-60).

9   A. Thérive, dans *France réelle*, du 15/2/52.

10   *Études*, mars 1952.

11   *Revue de Paris – Images de Paris*, avril 1952.

12   *Le Monde* du 9/1/52 et du 28/5/52.

13   *Gazette de Lausanne*, 9-10/2/52.

14   Loredana Primozich-Parslow, « Les juvenilia yourceniens. Entre reniement et remaniement », dans *Marguerite Yourcenar et l'univers poétique*, actes du colloque de Tokyo de 2004, SIEY, 2008, p. 29, note 7.

Jean Marchat, en acceptant de monter sa pièce, comptait sur le succès du roman[15]. Yourcenar fait la connaissance d'Alexis Curvers, écrivain et éditeur belge, au tout début de 1954[16], et ce dernier lui proposera, en 1956, de publier un recueil de poèmes, *Les Charités d'Alcippe*. M. Delcroix et C. Gravet soulignent que Curvers n'était sans doute pas motivé par la seule admiration (qui était réelle) pour Yourcenar, mais « n'ignorait pas l'intérêt, pour sa revue, d'une collaboration prestigieuse[17] ». Ces deux expériences se termineront mal, Yourcenar étant bien décidée à garder jusqu'au bout la main sur son œuvre : correction à la main des coquilles du recueil de poèmes, volonté de choisir elle-même les acteurs pour la représentation de sa pièce[18]. Elle ira même jusqu'au procès contre Jean Marchat pour la mise en scène d'*Électre*, affaire qui durera de 1954 à 1958, mais les deux litiges ne seront définitivement réglés qu'en 1963.

Ceci ne doit pas faire oublier que dès le milieu des années 30, Yourcenar avait été remarquée par des critiques influents, même si elle n'avait pas encore touché le grand public : Edmond Jaloux pour la France, Germaine Sneyers pour la Belgique. Cette dernière s'est intéressée à son œuvre et les deux femmes auront une relation épistolaire pendant presque vingt ans avant de se rencontrer en janvier 1952 à Paris ; Germaine Sneyers étant accompagnée de son époux, le poète Paul Dresse[19]. Grâce à eux, Yourcenar entrera en contact avec le milieu littéraire belge, s'y fera des amis en vue et s'y implantera. En 1954, Paul Dresse, ami de Marcel Thiry, lui présentera Alexis Curvers et Marie Delcourt[20], avec qui Yourcenar nouera une relation amicale jusqu'en 1956. C'est semble-t-il par eux, et la même année, qu'elle fera la rencontre de Georges Sion, qui deviendra membre de l'Académie royale de langue et littérature françaises en 1962[21]. Toujours en 1954, elle entre en contact avec Suzanne

---

15 Maurice Delcroix, Catherine Gravet, « Alexis Curvers et Marguerite Yourcenar au temps de l'amitié », *Revue Relief*, http://www.revue-relief.org, 2 (2), 2008, note 6.

16 Dans une lettre du 3/2/1952, A. Curvers remercie Paul Dresse de lui avoir recommandé la lecture de *Mémoires d'Hadrien*. Il veut écrire à Yourcenar, mais n'ose pas (cité par M. Delcroix et C. Gravet, art. cité, p. 199).

17 Art. cité, p. 201.

18 M. Brémond, « Marguerite Yourcenar ou la lutte pour les droits de l'auteur », *Bulletin SIEY*, n° 33, 2012, p. 164-174.

19 Andrée de Bueger, Maurice Delcroix, Catherine Gravet, « Lettres belges », *Bulletin SIEY* n° 29, 2008, p. 146.

20 A. de Bueger, M. Delcroix, C. Gravet, art. cité, p. 131. Marie Delcourt était une helléniste reconnue.

21 A. de Bueger, M. Delcroix, C. Gravet, art. cité, p. 153.

Lilar, femme de lettres belge[22], qui sera reçue à l'Académie deux ans plus tard. Mais ce n'est qu'en 1968 qu'elle semble avoir eu les premiers contacts avec Carlo Bronne, puis, en 1970 avec Marcel Thiry, en raison de sa fonction de Secrétaire perpétuel de l'Académie[23].

On a très rapidement pensé à elle pour l'Académie royale de langue et littérature françaises de Belgique, comme l'atteste une de ses lettres à Germaine Sneyers, datée du 23 octobre 1954 :

> Votre question au sujet de l'Académie royale de Belgique appelle une réponse simple : oui, je considère comme un grand honneur que mon nom, à ce propos, ait été même incidemment, et presque fortuitement prononcé. De plus, je tiens à la Belgique par trop de souvenirs de famille et d'enfance pour ne pas être émue à l'idée même d'une telle possibilité…
>
> Mais je ne suis pas de ceux qui trouvent que le siège d'Anne de Noailles et de Colette doive rester à tout jamais dévolu à une femme et […] parmi les noms dont vous faites mention comme ayant été prononcés, celui de Cocteau, il me semble, aurait mon suffrage si j'avais qualité pour le donner[24].

Yourcenar ayant avec constance affirmé son admiration pour Cocteau, on conçoit aisément qu'elle pense qu'il doive y entrer avant elle ; mais l'argument au nom du fauteuil « à tout jamais dévolu à une femme » est extrêmement révélateur de l'idée qu'elle se fait de la place qu'elle veut obtenir dans le monde des lettres : en aucun cas celui d'un écrivain de littérature féminine, d'un écrivain femme[25].

Elle n'entrera donc pas à l'Académie belge à ce moment-là, et Jean Cocteau sera le successeur de Colette au fauteuil 33. Mais on lui proposera plusieurs distinctions : en 1959, le directeur de l'Académie royale des Beaux-Arts de Mons lui demande de faire partie des fondateurs de l'Académie picarde ; ce que Yourcenar refuse car, contrairement à ce

---

22 Pour les relations entre M. Yourcenar et S. Lilar, on pourra consulter M. Goslar, *Marguerite Yourcenar et Suzanne Lilar : plus qu'une rencontre, une complicité*, Séance publique du 15 novembre 2003 : Marguerite Yourcenar, le sacre du siècle [en ligne], Bruxelles, Académie royale de langue et de littérature françaises de Belgique, 2007. Disponible sur www.arllfb.be.

23 M. Goslar (« Coulisses », p. 1) dit que Yourcenar aurait rencontré Marcel Thiry en 1956 par l'intermédiaire d'Alexis Curvers dans une soirée privée. Bien que cela soit tout à fait possible, nous n'avons pu en trouver confirmation, les archives ne livrant de correspondance qu'à partir de 1970.

24 A. de Bueger, M. Delcroix, C. Gravet, art. cité, p. 152.

25 L'Académie a été fondée en 1920 ; Anna de Noailles occupa le fauteuil 33 de 1921 à 1933, et Colette de 1935 à 1954.

que pensait son correspondant, elle n'a pas d'origine picarde[26]. Les
États-Unis entrent aussi en jeu : elle y reçoit en 1955 le Prix Page One
of the Newspaper guild de New York, et en 1961, son premier diplôme
de docteur *Honoris causa* décerné par le Smith College (Northampton,
Massachusetts). Mais le prix le plus important de la période est sans
doute le Prix Combat, décerné le 18 février 1963 pour l'ensemble de son
œuvre et pour *Sous bénéfice d'inventaire* : « Ainsi se trouve récompensé
un écrivain secret, pur et difficile[27] ». En 1966, elle écrit à son neveu
Georges de Crayencour que ce prix lui a fait plaisir « car il a toujours été
décerné jusqu'ici à des auteurs d'un vrai mérite[28] ». Notons que Roger
Caillois avait reçu ce prix l'année précédente.

À cette époque, elle commence aussi à s'intéresser à ses droits
d'auteur, tandis qu'elle avait été jusque-là assez négligente. Richard
Howard note d'ailleurs qu'elle semble, après la guerre une femme
différente de celle qu'elle était auparavant[29]. Elle devient exigeante et
écrit régulièrement à ses éditeurs pour leur reprocher de ne pas avoir
réédité les titres épuisés[30]. Suite à ses démêlés avec Gallimard à propos
du manuscrit de *Mémoires d'Hadrien* qu'elle décide de confier à Plon
malgré les termes de son contrat[31], Yourcenar décide de se faire aider
par un avocat. Le 10 septembre 1951, elle s'adresse à son ami Charles
Orengo[32] afin qu'il demande conseil pour elle à son avocat « qui en ce
cas deviendra le mien[33] », dit-elle ; le 24 elle demande à un autre ami
de lui donner l'adresse d'un homme de loi de toute urgence[34] ; et le
15 octobre elle dépose un dossier chez Maître Mirat qui deviendra son
avocat. Après sa mort, son gendre, Maître Brossollet, prendra le relais ;
Yourcenar échangera avec eux, surtout avec le second, une volumineuse

---

26 *MSFr* 372.2 (4125).
27 *Le Figaro littéraire*, du 23/2/63, qui donne les noms des membres du jury : P. de Boisdeffre,
    A. Bosquet, M. Butor, H. Chapier, Max-Pol Fouchet, F. Nourissier, J. de Ricaumont,
    R. Sabatier, P. Sénart, P. Tesson, H. Thomas. Elle a été désignée au 12ᵉ tour, par 6 voix
    contre 3 à P. de Mandiargues et 2 non réparties.
28 *L*, p. 248, lettre du 12 mai 1966.
29 Richard Howard, « Yourcenar composed », *Salmagundi*, n° 103, 1994, p. 62.
30 M. Brémond, art. cité, p. 146-148 et 152-154.
31 Voir sa lettre à Gaston Gallimard du 29/5/51, dans *HZ*, p. 64-65.
32 Charles Orengo (1913-1974) a été le fondateur, en novembre 1943, des Éditions du Rocher,
    à Monaco. Il a été éditeur de Yourcenar et son conseiller dans tous ses litiges avec ses
    éditeurs.
33 *HZ*, p. 44.
34 *HZ*, p. 57.

correspondance. Elle n'hésitera pas à aller au procès si nécessaire. Elle les gagnera d'ailleurs tous. Elle fera montre d'une telle opiniâtreté, et sur tous les fronts, que certains la jugeront procédurière. Mais il s'agit plutôt d'une exigence de liberté impressionnante puisqu'au moment de la crise avec Gallimard au sujet de *Mémoires d'Hadrien*, elle écrit à l'un de ses correspondants, pour le cas où l'éditeur parviendrait à l'empêcher de publier ailleurs que chez lui :

> J'en viens à me demander s'il ne serait pas plus simple de ne pas faire paraître ce livre qu'on ne peut pas, après tout, me forcer à publier. [...] Le succès et même la publication m'importent bien moins que la liberté (Lettre à Roger Martin du Gard du 5/10/51, *HZ*, p. 77).

Il y a tout lieu de la croire. Mais lors de cette première affaire, se révèle ce qui sera une de ses caractéristiques majeures : quand elle a décidé quelque chose, elle ne dévie pas d'un pouce ; et si elle dit toujours vouloir éviter les procès, c'est uniquement dans le cas où l'adversaire accepterait d'en passer par sa volonté à elle. Elle n'agira pas autrement lors de la campagne pour l'élection à l'Académie française. Et il est permis de se demander si les rares concessions qu'elle a été forcée de faire n'ont pas accru sa rancœur envers la vénérable institution.

L'ŒUVRE AU NOIR ET L'ACADÉMIE ROYALE DE LANGUE ET DE LITTÉRATURE FRANÇAISES DE BELGIQUE
Reconnaissance institutionnelle (1968-1977)

Après le succès de *Mémoires d'Hadrien*, les éditeurs de Yourcenar, qui jusque-là l'avaient plutôt négligée, s'intéressent beaucoup plus à elle : Plon, Grasset et Gallimard lui font des propositions alléchantes pour pouvoir publier son prochain roman[35]. Au début de 1964, Yourcenar entame une longue procédure pour obtenir le droit de publier *L'Œuvre au noir* chez Gallimard et non plus chez Plon comme le voudrait

---

35 J. Savigneau, *op. cit.*, p. 311-312.

son contrat. L'affaire ne sera réglée qu'en 1967, encore une fois à son avantage[36]. Maître Brossollet, son avocat, dit qu'elle « était décidée à ne pas publier plutôt que publier chez Plon[37] ». Lorsque Georges Sion, directeur de la *Revue générale*, lui demande un article pour le centenaire de sa revue, elle lui envoie des extraits de ce qui sera *L'Œuvre au noir*, et qui paraîtront sous le titre « Les temps troublés » en juin 1965[38]. En janvier 1970, en réponse à une nouvelle demande de G. Sion, elle donnera à la *Revue générale* « Empédocle », essai qui paraîtra plus tard dans *La Couronne et la lyre*[39]. Mais lorsqu'il fera à nouveau appel à elle en 1974, elle ne donnera pas de suite[40]. Il n'est pas dans notre propos de juger ou d'imaginer les raisons qui poussent Yourcenar à répondre favorablement ou non à des demandes d'articles. Elle allègue souvent, pour ses refus, sa santé ou une œuvre en cours, raisons difficiles à contester. On peut remarquer toutefois, qu'elle est beaucoup plus encline à répondre favorablement quand elle a des liens d'amitié avec la personne qui la sollicite, quand elle veut la remercier ou qu'elle a besoin d'elle. Ainsi, au début de l'année 1965, elle avait demandé à Georges Sion de l'aide pour la documentation de *L'Œuvre au noir*[41]. Peut-être s'est-elle sentie son obligée, peut-être le retard prévisible dans la parution du roman a-t-il aussi joué dans sa décision de lui envoyer un extrait. Pour le deuxième article, les circonstances sont un peu différentes : le 20 novembre 1969, Carlo Bronne lui écrit pour lui parler de l'éventualité d'une élection à l'Académie ; le lendemain, Georges Sion lui envoie une lettre pour lui demander un article. Cette « coïncidence » a sûrement joué en faveur d'une réponse positive. Mais en 1974, elle n'avait plus ces motivations…, d'où le refus ?

Avec la parution de *L'Œuvre au noir*, en 1968, sa notoriété va se confirmer. Encore une fois, la presse est globalement élogieuse : Patrick de Rosbo, qui fera quelques années plus tard des entretiens radiophoniques

---

36 M. Brémond, art. cité, p. 158-159.

37 J. Savigneau, *op. cit.*, p. 302.

38 Lettre du 25/2/65, et lettre de remerciement du 29/3/65 : *Ms Fr* 372.2 (3744). Elle fera également paraître deux extraits dans la *Nouvelle Revue française* : « Conversation à Innsbruck » en 1964 et « Mort à Münster » en 1965.

39 Lettre de G. Sion du 21/11/69, *id.* ; article paru en janvier 1970. *La Couronne et la lyre* paraîtra en 1979.

40 Lettre du 29/3/74, *id.* ; G. Sion est Secrétaire perpétuel de l'Académie royale de langue et littérature françaises de Belgique depuis 1972.

41 Lettre du 6/2/65, *Ms Fr*, 372.2 (5193).

avec elle[42], écrit un long article favorable[43] ; Matthieu Galey parle d'une
« belle fresque touffue [...] d'une rare densité » et d'une « romancière
très discrète, étrangère à toute mode, et qu'il faut compter parmi les
meilleures depuis plus de trente ans[44] ». Robert Kanters quant à lui,
lâche le mot qui reviendra si souvent au cours de la campagne pour
l'Académie : ce « maître livre » est « sans doute le chef-d'œuvre viril de
notre littérature féminine[45] ». Mathieu Lindon, dans *Libération* va même
jusqu'à affirmer le 25 mai 1968 :

> On ne serait pas surpris que *L'Œuvre au noir* reçoive dès cet automne le
> prix Femina à l'unanimité, ni que son auteur soit la première femme élue à
> l'Académie française.

C'est à notre connaissance la première mention d'une telle possibilité.
M. Lindon voyait juste et loin. En effet, Yourcenar obtient le Prix Femina en
novembre, et, « fait sans précédent depuis l'attribution du prix, au premier
tour et à l'unanimité du jury[46] ». Elle est également nommée Docteur *Honoris
causa* du Bowdoin College (à Brunswick, Maine, USA) le 15 juin 1968.

Selon Michèle Goslar, Yourcenar rencontre Carlo Bronne à Bruxelles
à l'automne 1968, car « on songe à l'élire, à titre étranger, dans la ville
où elle est née[47] ». C'est lui qui la présente à l'Académie royale de langue
et de littérature françaises de Belgique :

> Très confidentiellement et agissant *motu proprio* je voudrais savoir si vous
> accepteriez, en cas de vacance, de faire partie de notre Académie Royale de
> langue et de littérature françaises au titre de membre étranger… Cela ne vous
> coûterait qu'un discours et nous honorerait (lettre du 20/11/69[48]).

Elle lui répond assez rapidement, le 5 décembre, pour accepter : « Je
serais très honorée d'appartenir à votre compagnie. [...] Surtout si vous
étiez chargé de m'accueillir[49] ».

42   *Entretiens radiophoniques avec Patrick de Rosbo*, Mercure de France, 1972.
43   *Les Lettres françaises*, juin 1968.
44   Dans *Réalités* de juin 1968.
45   *Figaro littéraire* du 14/6/68.
46   *Le Monde* du 26/11/68.
47   M. Goslar, *Biographie*, p. 255. La correspondance de C. Bronne et M. Yourcenar semble
     débuter en août 1968.
48   Les lettres de C. Bronne à Yourcenar entre 1968 et 1976 sont à la cote *MS Fr* 372.2 (4318).
49   Les lettres de Yourcenar à C. Bronne sont à la cote *MS Fr* 372.2 (2114).

Le 18 avril 1970, jour de l'élection, Carlo Bronne lui annonce : « Le vote vient d'avoir lieu. Vous avez eu une élection de maréchal ! » Yourcenar le remercie : « Cette nomination me fait un immense plaisir d'ordre littéraire et d'ordre humain, et tous les souvenirs qui me rattachent à la Belgique sont venus, pour ainsi dire, me faire fête ». Et elle lui raconte comment elle a célébré l'événement avec les enfants du village qui étaient chez elle en train de faire du menu jardinage lorsqu'elle a reçu la lettre : « On a improvisé une célébration avec du cidre local et des petits beurres importés ; votre académicienne [...] était en pantalon de laine et jaquette de forestier[50] ». Lorsque Marcel Thiry, alors Secrétaire perpétuel, lui annonce officiellement la nouvelle, elle accuse réception disant qu'elle se sent « comme vous le pensez bien, très honorée et très heureuse de cette décision qui [me] fait place parmi vous[51] ». Il s'ensuivra jusqu'en 1972 une correspondance certes, motivée par les circonstances, mais au ton très amical.

Lorsqu'elle apprend que Carlo Bronne fera le discours d'accueil, elle lui écrit : « Cette nouvelle promet de faire une sorte de fête amicale de ce qui autrement n'aurait pu être qu'une cérémonie[52] ». Elle semble satisfaite, même si elle confie à Suzanne Lilar qu'elle « redoute un peu » la séance de réception[53].

Élue à titre de membre étranger, quatrième titulaire du fauteuil 36 occupé précédemment par Benjamin Woodbridge, professeur américain de littérature et auteur d'une étude sur *Le Roman belge contemporain*, Yourcenar a été reçue le 27 mars 1971 par Carlo Bronne, en présence de la reine Fabiola[54]. Suzanne Lilar présidait la séance. « Il avait fallu louer le théâtre National tant il y avait de monde » se souvient Georges Sion[55]. Maurice Genevoix, Secrétaire perpétuel de l'Académie française, était présent. En Belgique, contrairement à l'Académie française, un membre de l'Académie fait d'abord un discours d'accueil, et le nouvel académicien répond par un discours en deux parties : une introduction et une présentation de son prédécesseur au fauteuil. Yourcenar commence

---

50 Lettre du 23/4/70.
51 *Ms Fr* 372.2 (5267).
52 Lettre du 15/7/70.
53 Lettre du 16/3/71, *MS Fr* 372.2 (4850).
54 *Le Soir* du 29/3/71.
55 G. Sion, *Petite chronique yourcenarienne* [en ligne], Bruxelles, Académie royale de langue et de littérature françaises de Belgique, 1992. Disponible sur www.arllfb.be.

la première partie de son discours par un « cher Carlo Bronne », elle exprime son amitié et sa reconnaissance, et se dit heureuse de « faire <sa> partie dans un amical duo[56] », remercie tous ceux qui l'ont choisie et se dit comblée par l'auditoire présent pour sa réception ; elle remercie enfin « dans son ensemble, présent ou invisible, cet auditoire de l'amitié ».

La tonalité amicale de son début de discours est en cohérence avec le ton de sa correspondance avec C. Bronne et M. Thiry. Trois mois après sa réception, elle écrit à ce dernier : « Merci de tant de soins amicaux pris pour moi. Le 27 mars va rester toute ma vie un anniversaire mémorable[57] ». En décembre de la même année, elle ajoute en post-scriptum à une lettre : « L'Ordre de Léopold vient de me tomber du ciel. Que d'honneurs et de gentillesse me fait la Belgique[58] ! ».

Elle se montre pleine de bonne volonté, même si elle n'hésite pas à demander une faveur : « En ce qui concerne la lecture du discours devant le comité, je vous remercie de m'en tenir quitte, et vous promets l'envoi du texte vers le milieu ou la fin de février[59] ». La voici déjà qui tente d'échapper à ce qui l'ennuie et dont elle pense pouvoir se dispenser parce que ce n'est pas public. Mais elle dit vouloir assister aux séances de l'Académie chaque fois qu'elle le pourra. Le 14 décembre 1974, elle écrit à Carlo Bronne qu'elle aurait plaisir « à assister à une séance quelconque de l'Académie, en visiteuse qui est pourtant chez soi. Mais différents soucis [la] retiennent au rivage ». Quelques années plus tard, à Jean Guéhenno qui lui propose d'entrer à l'Académie française, elle écrira qu'elle n'ose s'engager pour des visites assidues :

> J'ai sur le cœur le fait que depuis sept ans que l'Académie royale belge de langue et littérature françaises m'a accueillie à titre étranger, je n'ai pas encore participé à une seule de ses séances. C'est un précédent dans lequel j'aurais peur de retomber (Lettre du 7/3/78[60]).

---

56   *Réception de Mme Marguerite Yourcenar*, Académie Royale de Langue et de Littérature françaises, Bruxelles, Palais des Académies, 1971, p. 17.

57   Lettre du 19/6/71, *Ms Fr* 372.2 (5267) ; elle envoie un message similaire le 4 avril 1972, pour le premier anniversaire de sa réception.

58   Lettre du 24/12/71.

59   Lettre du 4/12/70, à Marcel Thiry, *Ms Fr* 372.2 (5267). Le comité s'est réuni le 5 mars, et dans une lettre du 2 mars, elle annonce à M. Thiry que C. Bronne a déjà reçu son texte.

60   Elle en parle encore au moment de son élection à l'Académie française, envisageant d'aller à Bruxelles pour assister à une séance (lettre du 20/5/80 à J. d'Ormesson, dans *L*, p. 634 ; lettre du 3/8/80 à Georges de Crayencour, *L*, p. 638).

Le 10 décembre 1979, en pleine campagne pour l'Académie française, le journal *Elle* remarque que « membre de l'Académie royale de Belgique[61], M. Yourcenar avoue n'y avoir jamais remis les pieds depuis le jour de son intronisation ! » Nous savons que pendant cette décennie, elle a très peu quitté Petite Plaisance en raison de la maladie de Grace Frick, qui décédera le 18 novembre 1979. Ce serait lui faire un mauvais procès que de lui reprocher son absentéisme[62].

Après deux romans primés et qui ont les faveurs du public, la consécration de l'Académie royale de langue et littérature françaises de Belgique va marquer un tournant dans la carrière de Marguerite Yourcenar. Car la reconnaissance vient alors de toutes parts. En septembre 1971, Jean Blot fait paraître la première longue étude qui lui est consacrée[63]. Honneurs et prix deviennent plus nombreux. Elle reçoit, en avril 1972, le Prix du Prince Pierre de Monaco dont le jury, composé pour moitié de membres de l'Académie française, est placé sous la présidence de Maurice Genevoix : Jacques de Lacretelle ; René Clair ; Marcel Pagnol ; Marcel Achard ; Maurice Druon ; Julien Green ; René Huyghe[64]. Cela vaut déjà comme reconnaissance de la part de l'Académie. Le 18 décembre 1974, après la sortie de *Souvenirs Pieux*, elle reçoit le Grand Prix national des lettres, prix du gouvernement français pour favoriser le rayonnement des lettres françaises. Composé de 15 membres, dont trois représentants du gouvernement, le jury comporte six académiciens[65]. L'on constate que certains membres appartiennent à plusieurs jurys ; ainsi retrouvons-nous Max-Pol Fouchet qui était déjà dans le jury du

---

61 Erreur dans le nom de l'Académie : il existe bien une Académie royale de Belgique, mais ce n'est pas celle dont fait partie Yourcenar.

62 Voir J. Savigneau, *op. cit.*, p. 343-395.

63 Jean Blot, *Marguerite Yourcenar*, Seghers, 1971, édition mise à jour en 1980. Elle réagira sévèrement : « J'ai complètement désapprouvé l'ouvrage de Blot sur moi », écrit-elle à Jeanne Carayon (lettre de juillet 1975, dans *L*, p. 464). À un autre correspondant, elle écrit : « Je n'apprécie pas le livre de Jean Blot (Lettre du 5 mai 1984 à Georges Jacquemin, publié dans *Marguerite Yourcenar en questions*, CIDMY, 2008, p. 104).

64 *Le Figaro* du 20/4/72. Les autres membres du jury appartiennent à l'Académie royale de langue et littérature françaises de Belgique, comme C. Bronne, ou à l'Académie Goncourt : A. Lanoux et H. Bazin. En outre : G. Cesbron ; L. Peillard ; J. Brucheel ; D. de Rougemont. Carlo Bronne donne à Yourcenar la composition du jury, avec quelques omissions dans sa lettre du 18/4/72, *MS Fr* 372.2 (2114).

65 M. Arland, M. Brion, J. Delay, P. Emmanuel, J. Guéhenno et H. Troyat. Les six autres membres sont H. Bazin, J. Cassou, M. P. Fouchet, Y. Gandon, R. Kanters et Saint-John Perse. Voir lettre à Jeanne Carayon du 2/1/75 dans *L*, p. 453.

Prix Combat, et Hervé Bazin qui était déjà dans le jury du Prix Prince de Monaco. On voit se créer un réseau autour de Yourcenar, qui la portera jusqu'à l'Académie. Nous y repérons également certains de ses amis, dont Carlo Bronne qui avait été son parrain à l'Académie royale de langue et littérature françaises de Belgique et qui faisait partie du jury Prix Prince Pierre de Monaco (Voir annexe 3).

La reconnaissance vient également du monde universitaire : le premier mémoire de DEA date de 1971 et la première thèse de doctorat de 1977[66]. Elle est reçue Docteur *Honoris causa* au Colby College (Waterville, Maine) en 1972[67]. Reconnaissance très officielle également, tant en Belgique, avec l'Ordre de Léopold, dont elle est décorée en 1972 (l'arrêté de nomination datant du 12/11/71), qu'en France où elle est nommée Chevalier de la Légion d'Honneur le 6 avril de la même année[68] ; puis décorée de l'Ordre national du Mérite le 18 décembre 1974[69].

C'est aussi le début de sa médiatisation. Les premiers entretiens diffusés datent de 1968, l'un à la radio-télévision belge, l'autre à la télévision française[70]. Matthieu Galey lui consacrera en février 1972 le premier long film (une heure), *Une vie, une œuvre, une voix*, qui sera diffusé sur Antenne 2. Elle continue à publier[71], et avec la parution de *Souvenirs pieux* en 1974, sa notoriété devient plus grande encore : elle reçoit Radio Canada, la Télévision belge, Gisèle Freund pour des photographies[72]. Le mouvement médiatique s'accentuera à partir de 1975, jusqu'à son élection à l'Académie française (voir annexe 1).

---

66 Françoise Bonali-Fiquet, *Réception de l'œuvre de Marguerite Yourcenar, essai de bibliographie chronologique (1922-1994)*, SIEY, 1994, p. 192.

67 Lettre à G. de Crayencour, dans *L*, p. 401.

68 Avec remise des insignes le 6 juin à Paris. Source : lettre de la grande chancellerie de la Légion d'Honneur, du 9/12/2014.

69 Source : lettre de la grande chancellerie de la Légion d'Honneur, du 9/12/2014. Yourcenar ne semble pas bien connaître les détails de ces institutions, car elle écrit à Jeanne Carayon : « Mais qu'est-ce que c'est que l'Ordre du Mérite : la Légion d'Honneur a-t-elle […] changé de nom ? » (*L*, p. 453).

70 Entretien avec J.-P. Minon du 3/10/68, « Origines et influences » et « Les livres de ma vie » dans l'émission *Bibliothèque de poche* de Michel Polac le 12/11/68, voir F. Bonali-Fiquet, *op. cit.*, p. 1.

71 Traduction de poèmes d'Hortense Flexner en 1969 ; *Théâtre I* et *II* en 1971, où elle reprend des pièces dont certaines ont été écrites quelques décennies plus tôt.

72 J. Savigneau, *op. cit.*, p. 357.

GRAND PRIX DE L'ACADÉMIE FRANÇAISE
Sur la ligne de départ (1977-1980)

En 1977, la parution d'*Archives du Nord* sera suivie de l'attribution du Grand prix de l'Académie française pour l'ensemble de l'œuvre, voté à l'unanimité et qui « fait grand plaisir bien sûr mais les messages affectueux des amis au moins autant[73] ». Ce prix va piéger les Académiciens, car il leur sera difficile d'arguer d'un manque de talent pour refuser à Yourcenar l'entrée dans leur sanctuaire. Ce sera le coup d'envoi d'une campagne de presse importante en faveur de son élection. André Wurmser, dans *L'Humanité* du 28 janvier 1977, pense qu'elle pourrait entrer à l'Académie[74]. Vers la fin de l'année, Jean Chalon écrira une lettre ouverte au Secrétaire perpétuel de l'Académie dans laquelle il plaidera en faveur de Yourcenar[75]. Elle lui écrira d'ailleurs pour le remercier. Cette même année, Jean Guéhenno puis Jean d'Ormesson lui proposeront de présenter sa candidature. Elle leur opposera des refus polis.

Josyane Savigneau parle de « nouvelle consécration[76] », et Delphine Naudier remarque que « l'engouement que fait naître l'écrivaine à la fin des années 70 rend difficile une contestation de son talent d'écrivain[77] ». En 1978, la Monnaie de Paris édite une médaille en son honneur. Sue Lonoff de Cuevas signale à ce propos que Yourcenar a rejeté l'idée première de la sculptrice et a collaboré avec elle à toutes les étapes pour obtenir le résultat qui lui convenait. Voici une nouvelle occasion de voir l'exigence de Yourcenar et son besoin de maîtriser tout ce qui la concerne[78].

Elle est sollicitée pour plusieurs émissions à la radio ou à la télévision. On en trouve trace dans sa correspondance puisqu'elle annonce à ses amis les visites des différents journalistes. En octobre 1977, elle reçoit Jean Montalbetti et André Mathieu, d'où sortiront deux émissions[79]. En mai, puis en novembre 1978, Philippe Dumay et Jerry Wilson viennent

---

73 Lettre de juin 1977 à Élie Grekoff dans *L*, p. 545.
74 « Marguerite Yourcenar de ses origines à nos jours », cité par J. Savigneau, *op. cit.*, p. 372.
75 *Le Figaro* du 26/11/77.
76 *op. cit.*, p. 375.
77 art. cité, p. 59.
78 Sue Lonoff de Cuevas, *Marguerite Yourcenar, croquis et griffonnis*, Gallimard, 2008, p. 23-24.
79 Lettre à G. de Crayencour du 7/11/77, dans *L*, p. 573.

à Petite Plaisance pour une émission télévisée[80]. En 1979, on voit se succéder chez elle, en février Matthieu Galey[81], au printemps l'équipe de *Marie-Claire*[82], Léo Gillet[83], en mai Jacques Chancel, fin mai ou début juin, Jean-Paul Kauffmann[84], en septembre Bernard Pivot. « La campagne médiatique sur cette candidature exceptionnelle lancée dès 1977 bat son plein en 1979, soutenue par Jean d'Ormesson qui dispose d'un solide réseau dans la presse, surtout au *Figaro*[85] ».

Début octobre, Jean d'Ormesson revient à la charge : « La succession de Roger Caillois [...] fournit, je crois, une occasion nouvelle[86] ». Cette fois-ci, elle répond :

> Du moment que je ne suis pas obligée de faire acte de candidature [...] et du moment que je ne suis pas non plus obligée à une résidence fixe à Paris [...], rien, certes ne me ferait refuser l'honneur que vous souhaitez si généreusement pour moi. Le faire me paraîtrait insulter à plus de trois siècles d'histoire littéraire française. [...] Je ne contrarierai pas ce projet, qui vous tient si amicalement à cœur, s'il est réalisable dans les conditions que vous m'indiquez. Et s'il faut jamais que je "succède" à quelqu'un, je serai honorée que ce soit à Roger Caillois (Lettre du 22/10/79, dans *L*, p. 616-617).

Ce n'est pas elle qui suggère l'idée de remplacer Caillois, mais nul doute que la perspective de lui succéder a dû la faire fléchir[87]. N'oublions pas non plus que sa compagne Grace Frick vit ses derniers moments. Cette perspective a peut-être aussi pesé dans sa décision.

---

80   J. Savigneau, *op. cit.*, p. 379.
81   J. Savigneau, *op. cit.*, p. 383.
82   *L*, p. 603 ; l'entretien avec Pierrette Pompon-Bailhache paraîtra en avril 1979 ; voir dans *PV*, p. 201-219.
83   Pour un entretien paru dans NRC Handesblad le 22/6/79 ; voir dans *PV*, p. 220-227.
84   « Le système Yourcenar », entretien publié dans Le Matin du 10/6/79.
85   Naudier, art. cité, p. 57.
86   Lettre du 2/10/79.
87   M. Goslar, *Biographie*, p. 284.

LES ENJEUX D'UNE ÉLECTION

À présent que les faits sont à peu près établis, il reste à examiner quels étaient les enjeux de cette élection : pour ceux qui l'ont portée jusqu'à l'Académie, pour les femmes en général et pour la vie et la carrière de Yourcenar. On peut se demander pourquoi des académiciens, bien au fait des positions conservatrices de l'Académie, ont décidé de bousculer un jour la « vieille dame du Quai Conti ». Pourquoi la presse a-t-elle tellement œuvré, d'abord pour faire connaître Yourcenar, ensuite pour mener campagne en sa faveur ? Il est évident que sans son talent, rien n'aurait été possible, mais les orientations nouvelles de la société française à ce moment-là ont joué un grand rôle. La cause des femmes avait sensiblement marqué des points depuis le début des années 70 et l'idée d'exclure Yourcenar de l'Académie simplement parce qu'elle était une femme devenait intolérable à beaucoup, par-delà les clivages politiques. Sans doute le soutien de Valéry Giscard d'Estaing dont Jean d'Ormesson était proche, a-t-il eu également du poids. Et le grand nombre d'articles parus dans *Le Figaro* ou *Le Figaro Magazine*, n'est sûrement pas étranger au fait que Jean d'Ormesson en avait été le directeur de 1974 à 1977. Cependant, il ne faut pas non plus écarter l'idée que des motivations telles qu'une réelle admiration aient pu jouer. Mais M. Goslar remarque tout le monde avait à y gagner :

> Jean d'Ormesson y gagna une publicité exceptionnelle [...] Giscard d'Estaing [...] en rehausserait son septennat [...] Yourcenar s'en sortait gagnante à tous les coups : élue, c'était la reconnaissance absolue, refusée, elle ne serait atteinte que dans sa nature de femme, non dans sa carrière et, entre temps, elle aura (*sic*) joui d'une publicité extraordinaire (« Coulisses », p. 12).

QUI A EU CETTE IDÉE SAUGRENUE ?

Malgré eux, sans doute plus que malgré elle, ils l'ont donc élue. Jean d'Ormesson a été l'artisan, le moteur d'une campagne qui fut ardente, voire virulente. Mais qui a eu l'idée le premier ? Les uns parlent de l'émission *Radioscopie* de Jacques Chancel, en 1979[1] ; d'autres font remonter l'affaire à 1977 lorsque Yourcenar reçut le Grand Prix du roman de l'Académie française à l'unanimité[2]. D'autres enfin, en attribuent la paternité à Jean Guéhenno. C'est le cas du journal *Le Soir* du 6 décembre 1979, qui affirme que Guéhenno avait lancé le nom de Yourcenar cinq ans plus tôt, en 1974 donc, au moment de la parution de *Souvenirs Pieux*. Si ces dates et ces événements ont en effet scandé le chemin de Yourcenar vers l'Académie, celui qui a eu le tout premier l'idée de la faire entrer sous la Coupole, semble être en réalité Roger Caillois, comme en atteste une lettre du 9 mars 1971 à Jacques Kayaloff : « Notre amie M. Yourcenar que j'ai désignée dans les journaux et à la radio comme une proie toute désignée pour l'Académie. Je n'ai pas son adresse. Mais vous pouvez, je crois, facilement la toucher[3] ». Quelques jours plus tard, il écrit à Yourcenar : consentiriez-vous à « faire partie du Comité d'Honneur chargé de recueillir les souscriptions pour mon épée. Il n'est pas habituel d'y faire figurer des femmes et des étrangers. Sur ces deux points, je romps avec la tradition[4] ». Une inscription manuscrite en rouge indique : « Accepté ». L'américaine Yourcenar et l'argentine Ocampo seront les deux seules femmes de ce comité.

Mais pourquoi Caillois a-t-il pensé à elle ? Entré en 1948 à l'UNESCO, il a été élu à l'Académie française en 1971. Sans être proches, ils se connaissaient depuis longtemps et ont toujours gardé des contacts de loin en loin. Ils avaient un ami commun, Jacques Kayaloff. Pendant la guerre, entre 1939 et 1945, Caillois est resté en Argentine où il a travaillé à la revue *SUR*, fondée par Victoria Ocampo, et en 1941, il y a créé avec

---

1   *Paris Match* du 30/11/79.
2   D. Naudier, art. cité, p. 52.
3   Archives Anya Kayaloff, cité par J. Savigneau, *op. cit.*, p. 405-406. Il n'a malheureusement pas été possible de retrouver trace de ces interventions dans les media de l'époque.
4   Lettre du 22/3/71, Harvard, *MS Fr* 372 (125), citée par J. Savigneau, *op. cit.*, p. 405-406.

son aide, la revue *Les Lettres françaises* dont le but était d'accueillir des textes d'écrivains français exilés. Cette revue, qui vivra jusqu'en 1947 et aura une grande réputation, publiera trois articles de M. Yourcenar, en 1944 et 1945. Caillois gardera toute sa vie des liens très forts et très étroits avec Victoria Ocampo[5] que Yourcenar a rencontrée en 1951 à Paris, et avec qui elle est restée en relation épistolaire, la revue *SUR* ayant publié « Sixtine » à l'automne 1952[6]. Mais Yourcenar a-t-elle signé la pétition d'intellectuels du monde entier pour laquelle elle aurait été sollicitée lorsque V. Ocampo a été emprisonnée par le régime de Perón en 1953[7] ? Nous n'avons pas trouvé trace de cette correspondance ni de l'éventuelle participation de Yourcenar dans les archives. Elle lui a manifesté sa sympathie[8], prenant de ses nouvelles auprès de Caillois[9], mais il est étrange qu'elle ne mentionne pas cette pétition dans sa lettre à Maria-Renée Cura qui, en 1962, lui demande un texte d'hommage pour Victoria Ocampo[10]. Yourcenar refuse au motif qu'elle ne la connaît pas assez et ne voudrait pas écrire de banalités, insistant cependant sur l'intérêt qu'elle lui porte et affirmant son « admirative sympathie pour une des personnalités de notre époque qui a le plus contribué à maintenir vivant le concept de littérature[11] ». Bien que mentionnant son emprisonnement et les marques de sympathie qu'elle lui a données à cette occasion, elle passe sous silence la pétition. Silence d'autant plus surprenant qu'elle se plaisait à rappeler à ses interlocuteurs qu'elle en signait beaucoup, et pour toutes sortes de causes (B. Pivot, *Apostrophes* de 1979, par exemple). Autre surprise, bien que la lettre soit un refus clair, V. Ocampo la remercie le 10 décembre 1962 pour son témoignage

---

5   Maria Esther Vásquez, *Victoria Ocampo*, Planeta, Mujeres Argentinas, 1991 (l'édition utilisée est celle de 1993) ; Odile Felgine, *Roger Caillois*, Paris, Stock, 1994 ; Laura Ayerza de Castilho, Odile Felgine, *Victoria Ocampo, Intimidades de una visionaria*, Buenos Aires, Editorial Sudamericana, 1992, titre original en français, *Victoria Ocampo*, Paris, Critérion, 1991.

6   Sept lettres sont conservées à la Houghton Library : cinq lettres de V. Ocampo – *Ms Fr* 372 (574) – et deux de Yourcenar – *Ms Fr* 372 (1000) – ; six d'entre elles datant du début des années 50. La dernière date du 10 décembre 1962 : *Ms Fr* 372.2 (3396).

7   Laura Ayerza de Castilho, Odile Felgine, *op. cit.*, p. 247.

8   Lettre du 1/2/54, dans *L*, p. 105.

9   *L*, p. 106.

10   Ouvrage collectif, rassemblant plus d'une centaine de textes : *Testimonios sobre Victoria Ocampo*, éd. Fleur, Buenos Aires, 1962. Le texte de Yourcenar se trouve en p. 362.

11   *Persévérer dans l'être, Correspondance 1961-1963*, Paris, Gallimard, 2011, p. 225. Désormais indiqué par *HZ III*.

paru dans l'ouvrage d'hommage préparé par ses amis[12]. En fait, c'est la lettre de refus de Yourcenar qui a été publiée, amputée du début et de la formule de politesse.

Victoria Ocampo a été une figure marquante de la vie intellectuelle argentine et sud-américaine, et elle a fortement influencé Roger Caillois. Non contente d'être la fondatrice de la maison d'édition SUR, elle a été la mécène de nombreux écrivains, et en 1936, elle a participé à la création de l'Union des Femmes argentines dont elle fut la présidente[13]. Elle sera la première femme admise à l'Académie Argentine des Lettres en 1977. Dans son discours de réception, elle se félicitera que son élection mette fin à une tradition injuste et précisera qu'ayant d'abord refusé d'en faire partie, elle a fini par accepter pour ne pas bloquer l'entrée de l'Académie aux femmes[14]. Aux antipodes des positions de Yourcenar en matière de féminisme ! Serait-ce son engagement pour la cause des femmes qui donnerait à Yourcenar cette réserve à son égard en dépit de son admiration ? Serait-ce l'exemple de Victoria Ocampo qui aurait donné à Roger Caillois l'idée que les femmes pouvaient accéder à des honneurs qui leur étaient jusque-là interdits et que Yourcenar serait une candidate idéale ?

À l'UNESCO, Caillois a rencontré Jean d'Ormesson avec qui il a travaillé en étroite collaboration durant de longues années et qui est devenu un ami. Il semblait donc logique que ce dernier entre en lice pour la faire entrer à l'Académie, surtout après la mort de Caillois, Yourcenar ayant toujours manifesté de l'intérêt et du respect pour son œuvre[15].

Mais reprenons la chronologie des faits à partir du moment où elle est directement sollicitée pour l'Académie. Il y a en fait deux étapes car il y a eu deux élections, et on lui a proposé deux fauteuils. La première étape se situe en 1977 : la machine se met lentement mais sûrement en place, suite à deux événements d'importance : en juin, Yourcenar reçoit le Grand prix de Littérature de l'Académie française, accordé à

12   *Ms Fr* 372.2 (3396).
13   L. Ayerza de Castilho, O. Felgine, *op. cit.*, p. 162-164.
14   Maria Esther Vázquez, *op. cit.*, p. 214-215.
15   Voir notamment la lettre du 24/2/63 qu'elle adresse à Caillois (*HZ III*, p. 334), mais aussi dans *Une Volonté sans fléchissement, Correspondance 1957-1960*, Paris, Gallimard, 2007, p. 233 (désormais indiqué par *HZ II*) ; ou encore une lettre où elle commente son discours pour accueillir Claude Lévi-Strauss à l'Académie : « Il y a beaucoup de bon [...] dans le discours de Caillois » (*L*, p. 439-440).

l'unanimité pour l'ensemble de l'œuvre[16], ce qui lui vaut un article très élogieux de Jean Chalon dans *Le Figaro* du 17 juin ; le 4 septembre, Jean Rostand, qui occupait le fauteuil 8, décède. Jean d'Ormesson s'exprime dans *Le Quotidien de Paris* du 10 octobre : « Je souhaite très vivement que Marguerite Yourcenar entre à l'Académie française ». Il n'est pas le seul puisque plusieurs personnes vont alors la contacter. Grace Frick, sa compagne, note dans son agenda à la date du 30 octobre 1977 : « Visite de M. et Mme Dausset, de l'Académie des sciences. Incitent MY à poser sa candidature à l'Académie française. Elle refuse[17] ». Jean d'Ormesson lui écrit une première fois sur le sujet le 12 octobre 1977, lettre suivie trois jours plus tard par celle de Jean Guéhenno qui lui assure qu'il parle souvent d'elle à l'Académie « depuis des années, et je souhaite, j'espère qu'un jour viendra où nous nous y rencontrerons[18] ». Le 6 novembre 1977, Maurice Schumann, lors d'une cérémonie à St Jans Cappel[19], déclare qu'il voterait deux fois pour Marguerite Yourcenar, comme admirateur et comme élu du Nord[20]. Il lui écrit le 9 novembre pour lui rapporter ce que le maire de St Jans Cappel lui a dit : « Ah ! si l'Académie française était moins misogyne, la plus illustre de nos concitoyennes, qui vient de consacrer au Mont Noir des pages inoubliables, appartiendrait déjà à la célèbre compagnie[21] ! » Dans la même lettre, il ajoute qu'elle « serait brillamment élue si elle consentait, non pas même à passer l'année en France, mais à prendre l'engagement d'assister chaque année à un nombre important de séances ». Yourcenar lui répond le 15 novembre : « C'est un suprême honneur pour moi, je l'écris en pesant mes mots » ; mais elle refuse de candidater à cause de multiples raisons qui l'empêcheraient de venir régulièrement à Paris et feraient de sa qualité d'académicienne un « titre vide[22] ». Elle invoque sa santé, des projets en cours, son travail, et termine sa lettre en disant qu'il n'est pas dans ses intentions de

---

16 Yourcenar est la cinquième femme à recevoir ce prix : – 1918 : Mme Gérard d'Houville ; – 1921 : Anna de Noailles ; – 1930 : M. L. Bourget-Pailleron ; – 1960 : Mme Simone. Source : site de l'Académie française.

17 Cité par J. Savigneau, *op. cit.* p. 371.

18 Lettre du 15/10/77. Les lettres de J. Guéhenno à Yourcenar sont à la cote *MS Fr* 372.2 (2767).

19 Commune du Nord de la France sur laquelle se trouvait la propriété des grands-parents paternels de Yourcenar, le Mont-Noir, dont elle parle dans *Le Labyrinthe du monde*.

20 Propos rapportés par *La Voix du Nord* du 23/1/81.

21 *Ms Fr* 372.2 (3697), cité par M. Goslar, *Biographie*, p. 305 note 428.

22 *Ms Fr* 372.2 (5163).

poser sa candidature. Elle répondra de même quelques mois plus tard à Thérèse de St Phalle, de Flammarion, qui lui rappelle la proposition de M. Schumann : « Ce serait pour moi payer cet honneur d'un trop grand prix si je devais envisager de passer chaque année trois mois à Paris ». Cela interromprait son travail « à une époque de la vie où le temps commence à compter[23] ». À J. Guéhenno, elle répète la même chose : « Je ne m'imagine pas obligée [...] à passer chaque année quatre mois, ou même un mois à Paris ». Elle explique cela par son âge et son besoin de périodes de travail sans interruption, de même que par le désir d'accomplir des voyages qu'elle n'a pas encore pu réaliser et que ses fonctions académiques l'empêcheraient de faire[24].

Enfin, dans *Le Figaro* du 26 novembre 1977, Jean Chalon signe une lettre ouverte à Jean Mistler, Secrétaire perpétuel de l'Académie : « Ah ! Cette Académie royale belge a de quoi nous faire rêver, nous, Français, puisqu'elle sut élire une Anna de Noailles, une Colette, une Yourcenar ». Dans ce long article, il évoque les principaux obstacles à son entrée parmi les Immortels, et démontre que ce sont de faux-problèmes. Il n'a pas tort car il existe plusieurs exemples de « tolérance[25] » au cours de la longue histoire de l'Académie. Il termine en évoquant le discours de réception : « Imaginez-la en train de prononcer l'éloge d'un Jean Rostand, ses sublimités résonnent déjà dans nos mémoires ».

Josyane Savigneau rapporte que Claude Gallimard téléphone à Yourcenar le 23 janvier 1978 car « on insiste beaucoup auprès de lui pour qu'il [la] convainque de poser sa candidature à l'Académie française[26] ». Le 1er mars 1978, Guéhenno lui écrit à nouveau pour lui demander de se présenter. Mentionnant une émission de France Culture (probablement celle de novembre 1977, *Les après-midi de France Culture*), au cours de laquelle elle a déclaré qu'elle ne refusait pas le principe d'entrer à l'Académie, Guéhenno lui dit : « Ce serait une chance et un honneur pour cette vieille institution et la France que la première académicienne soit vous ». Comme auparavant Jean d'Ormesson, il précise qu'elle n'a pas

---

23   Lettre du 19/2/78 *Ms Fr* 372 (1036).
24   Lettre du 7/3/78. Voir aussi lettre à Louise de Borchgrave du 1/3/78, dans *L*, p. 586.
25   On peut citer notamment Bossuet qui avait averti qu'il ne serait pas assidu (A. Rouxel, *op. cit.*, p. 33, D. Garcia, *op. cit.*, p. 60) ; Buffon, nommé sans avoir fait aucune démarche ni visite (A. Rouxel, *op. cit.*, p. 148), René Girard n'a pas été assidu, vivant aux États-Unis (D. Garcia, *op. cit.*, p. 267). Et il y a plusieurs autres cas.
26   *Op. cit.*, p. 376.

besoin de faire de visites et doit seulement écrire une lettre. Il ajoute que la seule obligation est qu'elle soit française et lui annonce une élection pour le mois d'avril au fauteuil 8, fauteuil de Jean Rostand.

Elle conserve toujours la même position et répond à tous ses correspondants qu'elle ne fera pas acte de candidature, mais acceptera l'honneur si elle est élue. Le moins qu'on puisse dire est qu'elle ne se précipite pas sur l'Académie et adopte une attitude extrêmement réservée. La situation est assez délicate car elle ne veut faire aucune concession et entend se soustraire à toutes les obligations. Outre les raisons déjà mentionnées et, pour ainsi dire, officielles, elle en avance d'autres qui en disent long sur sa vision du monde. Elle s'explique à Jean d'Ormesson : « D'abord parce que jusqu'ici je n'ai jamais rien fait de tel[27] » ; puis à J. Guéhenno : « D'abord parce qu'au cours d'une vie déjà longue, je n'ai jamais posé ma candidature à quoi que ce soit (excusez ce côté un peu farouche)[28] ». Faire acte de candidature, c'est « ce à quoi je répugne instinctivement », écrit-elle à nouveau à J. d'Ormesson le 22 octobre 1979[29]. À un correspondant, Louis Pélissier, elle dit ne pas aimer le principe de la candidature « qui force en quelque sorte à mendier [...] et expose à un échec et à des brimades ». Elle préfère le mode de fonctionnement de l'Académie de Belgique, mais ne refusera pas si on lui « offre » le fauteuil. Elle termine sa lettre ainsi : « L'appartenance ou non à l'Académie n'ajoute rien ni au mérite ni au rayonnement de l'écrivain[30] ». Et dans une lettre à une amie : « Non, je ne me présenterai pas (comme on dit qu'une bonne "se présente"). Je ne ferai pas de visites, et je ne promettrai jamais d'assister aux séances. Si on me nomme, j'accepterai (il serait grossier de refuser) mais on ne me nommera pas dans ces conditions[31] ». Faut-il y voir une réaction d'aristocrate ou un simple geste d'humeur ? Évoquant la proposition de Maurice Schumann, elle écrit également à sa cousine Louise de Borchgrave :

C'est très flatteur. Mais je ne crois pas que je serai élue à l'un des quarante fauteuils, parce que j'ai déjà indiqué à ceux de ces messieurs qui m'ont posé la question, d'abord que je ne ferai pas acte de candidature – n'aimant pas

---

27 Lettre du 12/10/77, *Ms Fr* 372.2 (5008).
28 Lettre du 7/3/78.
29 *L*, p. 616.
30 Lettre du 17/12/77, *MS Fr* 372 (1013).
31 *L*, p. 580, note. Lettre à Marthe Lamy du 15/2/78.

> beaucoup être candidate à quoi que ce soit, et étant reconnaissante à l'Académie belge d'éviter à ses élus cette formalité ensuite, que je ne songe pas à passer six mois, ou même trois, ou même deux, à Paris chaque année (lettre du 1er mars 1978, dans *L*, p. 586).

Elle répètera en substance la même chose à son neveu deux ans plus tard en parlant de l'Académie de Belgique « à qui je suis toujours reconnaissante d'avoir été la première à m'accueillir, et cela sans fracas[32] ». Il y a une grande cohérence dans ce qu'elle écrit à diverses personnes. Yourcenar ne se présentera pas, et c'est Michel Déon qui remplacera Jean Rostand au fauteuil 8.

Le décès de Roger Caillois, le 21 décembre 1978, ouvre la deuxième et décisive étape. Quelques académiciens, dont le porte-parole est Jean d'Ormesson, veulent faire entrer Yourcenar sous la Coupole, alors que celle-ci semble accepter d'y aller à reculons et qu'un grand nombre d'académiciens y sont fortement opposés. Le jour de l'élection, un journaliste commente : « Jean d'Ormesson resté au haut des marches, feint l'indifférence. Pourtant, avec Jean-Jacques Gautier et Maurice Rheims, il est le grand vainqueur de la journée ». Il a été « la cheville ouvrière » de cette élection : « à l'écart, il savoure le moment[33] ». Pourquoi s'est-il donné tant de mal ? On a pu penser à une manœuvre politique ; certains ont pu lui reprocher de vouloir se faire de la publicité ; peut-être, mais on peut sans doute le croire lorsqu'il dit : « J'admirais tout simplement l'auteur de *L'Œuvre au noir* et des *Mémoires d'Hadrien*[34] ». Son amitié pour Caillois est certainement à prendre en compte : « Quand Caillois est mort, j'ai joué un peu, je l'avoue, les "veuves abusives", me disant qu'il fallait lui trouver un successeur digne de lui, car il y aurait été sensible[35] ». C'était en outre peut-être pour faire une grande chose comme il le laisse souvent entendre car il est indéniable que son nom restera indissolublement lié à celui de l'arrivée des femmes à l'Académie.

> Qu'ai-je donc fait à l'Académie ? [...] : pas grand-chose en vérité. Sauf une révolution. En 1981, j'y ai fait entrer, contre vents et marées, la première femme de sa longue histoire[36].

---

32 Lettre du 3 août 1980 à Georges de Crayencour, dans *L*, p. 638.

33 *Le Soir*, 7/3/80.

34 *Je dirai malgré tout que cette vie fut belle*, op. cit., p. 293.

35 J. Savigneau, op. cit., p. 406.

36 *Je dirai malgré tout que cette vie fut belle*, op. cit., p. 293.

Radioscopie de Jacques Chancel en juin 1979, va être le vrai coup d'envoi d'une campagne très médiatisée, mais rien ne laissait présager que l'élection se ferait finalement. Jean d'Ormesson qui était en première ligne, a été « épuisé » par cette lutte, ayant sous-estimé les préjugés sexistes de ses confrères, nous dit Josyane Savigneau[37].

Il faut ajouter que Yourcenar, qui était en soi un cas difficile, ne lui a pas facilité la tâche mais fin stratège, d'Ormesson, qui semble toujours marcher sur des œufs avec elle, arrivera à ses fins. Il lui écrit qu'elle n'est obligée à rien et peut faire comme Montherlant : « Il suffirait que vous acceptiez de faire part à n'importe quel membre de l'Académie de votre acceptation éventuelle d'une élection[38] ». Ce qui peut tenir lieu de lettre de candidature est un peu provocateur car elle fait une déclaration à *l'AFP* qui paraît dans *le Figaro* du 10 novembre 1979, soit dix-sept jours avant l'envoi de sa lettre à l'Académie[39] :

> N'allez surtout pas donner l'impression que je suis saisie de la fièvre verte. J'ai indiqué que je ne ferai pas de visites, que je ne m'engagerai pas à passer un temps déterminé en France. Si dans ces conditions, ces messieurs sont prêts à accepter pour la première fois une femme parmi eux, je ne ferai pas à la France l'impolitesse de refuser cet honneur.

Cette mise en garde n'empêchera pas Jacqueline Piatier, le même jour, d'affirmer dans *Le Monde* que l'obstacle que représente son installation aux États-Unis « tombe puisque l'écrivain a fait connaître son intention de regagner nos rivages ». De même, on peut lire dans *le Point* du 3 mars 1980 : « L'éditeur de Marguerite Yourcenar parle de son éventuelle

---

37 *op. cit.*, p. 400. L.-B. Robitaille, *op. cit.*, p. 244, dit la même chose. J. d'Ormesson voulait faire entrer à l'Académie, outre Yourcenar, Raymond Aron et Louis Aragon, mais : « Lorsque j'ai eu terminé ce que je voulais faire pour Mme Yourcenar, je me suis retrouvé totalement épuisé par la violence des attaques dont j'avais été l'objet. Et alors j'ai baissé les bras ». Voir aussi *Je dirai malgré tout que cette vie fut belle, op. cit.*, p. 293-295.

38 Lettre du 2/10/79. L'Introduction à *Histoire de l'Académie française*, de Pellisson et d'Olivet (Librairie académique Didier, 1838) explique l'origine de cette lettre de candidature qui remonte au XVIIᵉ siècle, sans toutefois en préciser la date : « Arnaud d'Andilly reçut l'offre d'une place d'académicien : il refusa, et c'est depuis ce temps que la mesure a été prise de ne recevoir personne qui ne se présentât formellement » (p. 15).

39 Lettre du 27 novembre 1979, Archives de l'Académie française, 1B8, voir annexe 4. Elle espérait sûrement que ce communiqué lui éviterait d'envoyer une lettre de candidature au Secrétaire perpétuel ; mais ses opposants n'ont pas cédé et elle a dû en passer par leurs exigences, décidées lors de la séance du 15 novembre 1979.

installation en Bretagne ». Mais il s'agit peut-être d'une manœuvre d'éditeur...

Yourcenar a donc finalement accepté de faire les démarches absolument incontournables pour obtenir sa réintégration dans la nationalité française ; et elle a sacrifié à l'obligation d'écrire une lettre au Secrétaire perpétuel, dans laquelle cependant, elle ne pose toujours pas sa candidature :

> Je sais qu'un certain nombre d'académiciens ont bien voulu selon l'usage présenter ma candidature. Si l'élection m'était favorable, j'accepterai (*sic*) avec gratitude l'honneur qui me serait ainsi fait[40].

C'est tout ! C'est la seule concession qu'elle fera. Mais une déclaration publique à l'*AFP* avant même l'envoi de sa lettre de candidature pour signifier qu'elle accepte une élection est une marque de dédain pour l'institution, en même temps qu'un coup de force ; car publier dans les journaux une telle information, met en porte-à-faux les opposants à sa candidature. Joli coup pour quelqu'un qui ne souhaitait pas être élu.

Une autre difficulté se présente : Yourcenar refuse de faire, avant l'élection, les visites aux académiciens. Dans sa lettre du 7 mars 1978 à Jean Guéhenno, elle disait : « Ce système m'a toujours paru d'un autre âge[41] ». Certes, cela n'est pas règlementaire, et même interdit par l'article 15 des règlements de 1816 qui stipule que les prétendants « seront invités à se dispenser de faire aucune visite aux académiciens pour solliciter leurs suffrages ». Certains ne les ont pas faites, comme Montherlant, mais elles sont imposées par la tradition. Une note à ces règlements précise que « l'Académie est revenue à l'usage de l'article 7 des Règlements de 1752 qui n'interdisait pas les visites ». Mais elle n'en a pas fait une obligation non plus.

Enfin, habitant aux États-Unis et n'ayant pas de pied-à-terre à Paris, Yourcenar affirme très clairement dès le début qu'elle ne modifiera rien à sa façon de vivre. On ne peut pas lui reprocher d'être malhonnête ou de changer d'avis. Elle avait déjà dit à d'Ormesson qu'en cas d'élection elle ne serait jamais « cet habitué du jeudi qu'en principe tout membre de votre Académie doit être », concédant que ces absences n'étaient ni

---

40   Cité par *Le Figaro* du 7/12/79, et avec quelques erreurs par *Le Monde* du 8/12/79. Pour le texte complet de la lettre, voir annexe 4.
41   Les lettres de Yourcenar à Guéhenno sont à la cote *MS Fr* 372.2 (4652).

acceptables ni souhaitables[42]. Finalement, le 22 octobre 1979, elle lui écrit qu'elle accepte « du moment [qu'elle n'est] pas obligée à une résidence fixe à Paris, même une partie de l'année[43] ».

Entre 1977 et 1980, Yourcenar ne varie donc pas et annonce clairement la couleur : ni candidature, ni visites, ni assiduité, assumant pleinement le risque de ne pas être élue, et peut-être d'autant plus facilement qu'elle pense la chose impossible : « Je comprends fort bien que du fait de cette décision de ma part la prise de contact puisse, et peut-être doive, s'arrêter là », écrit-elle à J. d'Ormesson dans sa lettre du 12 octobre 1977. Et après avoir dit à Louise de Borchgrave qu'elle ne pensait pas être élue, elle termine par cette phrase éclairante pour qui a lu *Le Labyrinthe du monde* : « "Liberté, liberté chérie"... je crois que "Michel" m'aurait comprise[44] ». Il ne faut jamais sous-estimer chez elle le désir de n'en faire qu'à sa tête, quel que soit le prix à payer. Attitude qui ne relève pas seulement de la coquetterie ou de la volonté de puissance, mais d'une incommensurable soif de liberté et de maîtrise de sa vie.

Yourcenar n'a donc pas rendu la tâche facile à ses amis, mais en 1979, année de la mort de Grace, « il devient clair que la bataille va être menée pour qu'elle soit la première femme à siéger sous la coupole du quai Conti. Elle est, paradoxe des paradoxes, l'écrivain à la mode, qui se vend », dit J. Savigneau[45].

Car la presse entre en jeu et va mener une campagne spectaculaire pour elle. Et sans cette campagne médiatique, il est probable que Jean d'Ormesson aurait eu beaucoup plus de mal à arriver à ses fins et que l'Académie aurait pu une fois de plus fermer ses portes à une femme. « La presse, en majorité favorable à l'élection de Marguerite Yourcenar, accentue les traits conservateurs de l'institution, qui s'en trouve momentanément ébranlée », remarque D. Naudier[46]. Les initiatives médiatiques se multiplient et Yourcenar est invitée à de grandes émissions très suivies comme *Apostrophes* ou *Radioscopie*[47]. Les entretiens à la radio

---

42 Lettre du 12/10/77.

43 *L*, p. 616.

44 Lettre du 1/3/78, dans *L*, p. 586. Michel de Crayencour, père de l'auteur, qu'elle présente comme farouchement épris de liberté dans *Le Labyrinthe du monde*.

45 *op. cit.*, p. 380.

46 art. cité, p. 59.

47 Novembre 1977 : *Les après-midi de France Culture* ; 20 février 1978 : *Les nuits magnétiques* ; Juin 1979 : *Un comédien lit un auteur* (télévision, FR3) ; 11-15 juin 1979 : *Radioscopie*

avec Matthieu Galey en avril 1980, seront publiés la même année sous le titre *Les Yeux ouverts*. M. Galey, qui lui avait consacré un film en 1972, ne sera « pas peu fier d'avoir été le premier à réaliser sur Marguerite Yourcenar un film d'une heure », comme il le déclarera dans *Femmes d'aujourd'hui*[48]. Et si Yourcenar refuse de jouer le jeu académique, elle joue à fond le jeu médiatique.

UNE VICTOIRE DU FÉMINISME ?

Les Modernes ont donc gagné le 6 mars 1980. Peut-on en dire autant des femmes ? C'est ce qu'ont proclamé certains journaux après l'élection : « C'est une victoire des femmes et des lettres[49] ». Dans *Le Matin* du 7 mars 1980, Françoise Xénakis écrit : « Grâce à votre nom et sur votre nom, les mouvements féministes chanteront une victoire ». Dans *L'Événement* du 21 mars, on peut lire : « On peut en être convaincu, elle sera suivie par d'autres : on n'y trouvera aucune objection si ces prochaines Immortelles témoignent d'autant de talent, même d'un peu moins de talent que Marguerite Yourcenar ».

L'idée, insupportable à beaucoup, que Yourcenar aurait pu être rejetée malgré la qualité de ses œuvres revient souvent, soulignée par une autre : celle que nombre d'académiciens ne valent pas la femme à qui ils refusent l'entrée de l'Académie au simple motif de son sexe : « Marguerite Yourcenar a un talent exceptionnel, supérieur sans doute à celui de quelques-uns des écrivains français mâles qui peuvent être amenés à l'élire[50] » ; « On ne voit pas au nom de quelle sélection elles [les femmes] pourraient être exclues, dès lors que leurs mérites littéraires sont reconnus. [...] Elle a sa place à l'Académie autant que bien d'autres et plus que certains[51] ». *Le Monde* du 8 mars 1980 commente ainsi le résultat de l'élection : « L'Académie n'a donc pas voulu – osé – fermer ses

---

(Jacques Chancel); 7 décembre 1979 : *Apostrophes* (Bernard Pivot).
48   *Femmes d'aujourd'hui* du 16/4/80. Ce film a été diffusé sur Antenne 2 les 19 et 20 février 1972.
49   *Paris Match* du 21/3/80.
50   *Le Figaro Magazine* du 17/12/79.
51   *Le Pèlerin* du 25/1/81.

portes à un écrivain dont l'œuvre ne le cède en rien, ou plutôt l'emporte, sur celle de beaucoup de ses membres ». Et D. Naudier rappelle le triste exemple de Marie Curie dont la candidature avait été acceptée en 1911 par l'Académie des Sciences, mais qui n'avait pas été élue[52]. Marie Curie, prix Nobel de physique depuis 1903, avait été écartée de l'Académie des Sciences à deux voix près... 70 ans avant la campagne pour Yourcenar, la presse de l'époque avait, elle aussi, largement médiatisé cette élection, mettant le doigt sur le fond de la question : l'éligibilité des femmes. Comme Yourcenar, Marie Curie ne prenait pas position pour la cause des femmes. Les craintes et les questions qui se posaient étaient les mêmes que 70 ans plus tard :

> Voici Marie Curie élevée à un rang de cas [...] l'entrée d'une femme extraordinaire ne peut modifier le sexe du génie scientifique, masculin par essence. Les opposants de Marie Curie ironisent sur une adaptation des règlements de l'Institut qui relèveraient non de la justice, comme l'affirment les partisans, mais de la galanterie[53].

Certains journalistes rappellent toutes les femmes qui, avant Yourcenar, n'ont pas pu entrer à l'Académie, malgré leurs mérites. En réalité, rien ne les a jamais empêchées d'y entrer, ni les statuts, ni le manque de candidates potentielles, ni même les hommes, académiciens ou non, qui ont plaidé en leur faveur. Rien sinon la force d'un conservatisme sexiste d'autant plus puissant sans doute qu'il n'était justement pas gravé dans des lois. L'absence de règles correspondait ici, non pas à une possibilité d'ouverture aux femmes, mais à une évidence, acceptée de tous, à savoir que les femmes avaient si peu leur place en ce lieu qu'il n'était même pas nécessaire de le préciser. La Bruyère fut le premier à dire qu'il connaissait des femmes valant mieux que certains académiciens. En 1693 déjà, la question s'était posée à propos de Mme Dacier, la fameuse helléniste qu'il avait soutenue : elle ne fut pas élue mais son mari le fut deux ans plus tard[54]... À la mort de celle-ci en 1720, l'Académie lui rendit d'ailleurs hommage par la voix d'Antoine Houdar de la Motte,

---

52 art. cité, p. 46-47.
53 Yannick Ripa, « Marie Curie n'entrera pas à l'Académie... », *L'Histoire*, n° 258, Octobre 2001, p. 25-26.
54 H. Carrère d'Encausse, art. cité, p. 6. La Bruyère, en 1694, fait « un vibrant éloge de Mme Dacier [...] l'une des plus brillantes protagonistes de la guerre des Anciens et des Modernes, suggérant son élection à l'Académie » (L.-B. Robitaille, *op. c.*, p. 115).

qui lut une poésie sur elle au cours d'une séance. D'Alembert, élu en 1754, essaiera de faire élire Julie de Lespinasse et Mme de Genlis, sans succès. Il proposera également un quota de 10 % de femmes[55]. Au siècle suivant, en 1862, Prosper Mérimée mènera campagne pour faire élire George Sand[56]. Colette fut aussi évoquée.

Mais les académiciens n'ont pas été les seuls à plaider en faveur des femmes. En 1863, Jules Simonnet, membre de l'Académie des Arts, Sciences et Belles Lettres de Dijon, écrit un petit texte intitulé *Les femmes à l'Académie* (E. Dentu, Libraire-Éditeur, Paris), dans lequel il imagine le discours de réception de Mme *** et la réponse de Monsieur ***, qui contiennent quelques critiques à l'encontre de l'Académie. Ainsi, Madame*** remercie l'Académie d'avoir renoncé à un « préjugé absurde » et dit que « céder à propos, là est la véritable science du pouvoir » (p. 4). Le discours de Monsieur*** renchérit, parlant de préjugé et d'injustice et disant que l'Académie, par cette élection (fictive, ne l'oublions pas) « semble encore accorder une faveur, alors qu'elle ne fait en réalité que reconnaître et consacrer un droit parfaitement légitime » (p. 24).

George Sand, pour qui ce texte avait été écrit, y a répondu en montrant un dédain certain pour l'illustre institution, disant que l'Académie n'encouragerait pas les femmes à « se faire les apôtres du progrès », et avec une ironie visible : « L'Académie a sa fierté et son orgueil aussi. Elle n'offre pas de fauteuils ; elle veut qu'on se les dispute et qu'on les prenne d'assaut. Il n'y a donc pas de sérieux reproches à lui faire, quand elle laisse dehors les gens qui ne désirent pas entrer[57] ». On retrouvera, dans le discours de Yourcenar, un peu de ce même esprit. Mais George Sand s'amuse plus que la première académicienne ; écoutons-la :

> La place des femmes n'est donc pas plus à l'Académie, de nos jours, qu'elle n'est au Sénat, au corps législatif ou dans les armées, et l'on nous accordera que ce ne sont point-là des milieux bien appropriés au développement du genre de progrès qu'on les somme de réaliser. [...] Le privilège d'appartenir à une assemblée d'élite n'est qu'un stimulant très secondaire pour celui que stimule avant tout le besoin d'éclairer ou de charmer la multitude. [...] L'Académie française est une grandeur inutile [...] Nous ne sommes pas tenté de porter sur elle une main impie [...] car elle est un reste de féodalité littéraire.

---

55 *L'Express* du 15/3/80 ; H. Carrère d'Encausse, art. cité, p. 6.
56 *Le Point* du 3/3/80.
57 *Pourquoi les femmes à l'Académie ?*, Michel Lévy, Paris, 1863, p. 3.

Deux ans plus tard, Louis Lacour écrivait une « Lettre aux 40 » intitulée *La question des femmes à l'Académie française*[58], dans laquelle il maniait lui aussi l'ironie :

> Innovation ! direz-vous. Fort bien ; mais si tel est votre souci, comment avez-vous pu abandonner la majestueuse perruque à deux battants qu'on portait à l'origine de votre institution ? Comment vous êtes-vous dessaisis de la culotte courte pour revêtir ce costume printanier qui vous emprisonne dans sa verdeur empesée ? Finalement, pourquoi ne récitez-vous pas, comme jadis, l'éloge de Richelieu et celui de Louis, ces merveilles de style et de sincérité ? N'étaient-ce pas vieilles modes que vous avez dû rejeter ? De même à cette heure, faites tomber sous la sape un vieux préjugé (p. 15).

Peu exigeant, il ne demande qu'un seul fauteuil pour une femme et les tient « quittes de tout autre changement » (p. 21). Il donne même des conseils à celui qui fera le premier discours. Simonnet donnait une vision idyllique voire angélique des femmes qui appellent l'âme « au sentiment des choses les plus délicates, les plus vraies, les plus intimes ». Lacour est plus réaliste et il critique le rôle dans lequel les femmes sont tenues : on leur reproche d'être superficielles et de ne chercher qu'à plaire ? ceci s'explique aisément :

> Les chemins qui conduisent les hommes à l'autorité, aux succès de l'opinion, sont quasi fermés aux femmes ; elles ne peuvent donc chercher qu'à plaire : en leur présentant dans la carrière des lettres un noble but, vous contribuerez à leur progrès moral (p. 34).

Il est troublant de constater que plusieurs ouvrages sur l'histoire de l'Académie, même à une époque récente, ne parlent pas de la question des femmes ou se contentent de l'effleurer au passage. Le livre de Jean-Pol Caput, daté de 1986, ne dit rien de la bataille qui a eu lieu autour de la candidature de Yourcenar[59]. Et l'auteur de l'*Histoire du 41ᵉ fauteuil* ne songe pas un instant à y installer une femme[60]. Cet ouvrage, complété dans les années 70, présente des hommes de lettres français qui auraient mérité de faire partie de l'Académie. Georges Sion est quelque peu ironique lorsqu'il en parle :

---

58 D. Jouaut imprimeur, 1865.

59 Jean-Pol Caput, *op. cit.* Voir aussi, pour une époque antérieure, A. Rouxel, *op. cit.* ; Charles Barthélémy, *Les quarante fauteuils de l'Académie française*, Blériot, 1886.

60 Arsène Houssaye, *Histoire du 41ᵉ fauteuil de l'Académie française*, Hachette, 1864.

Le 41ᵉ ? C'est ce fauteuil imaginaire et supplétif que les Quarante ont imaginé pour y asseoir un instant leurs regrets ou leurs remords, c'est-à-dire ceux qu'ils ont refusés ou ignorés. Il y a neuf ans l'Académie française elle-même, dans un livre collectif qui s'appelait justement *Le 41ᵉ fauteuil*, avait choisi, avec sportivité, de faire le compte de ses victimes, chacune de celles-ci étant « accueillie », comme les vivants le sont, par un membre de la Compagnie. De La Rochefoucauld à Giraudoux, de Rousseau à Proust, de Balzac à Gide, les 26 « repentirs » constituaient une liste impressionnante. Elle était cependant obstinément incomplète puisqu'il y manquait les femmes, de Mme de La Fayette à Mme de Staël, de George Sand à Colette. Le plus étrange, c'est que l'exclusion des femmes, poursuivie jusqu'aux gestes d'amende honorable, est un usage plutôt qu'une règle[61].

Que les critiques viennent de l'intérieur ou de l'extérieur de l'Académie, qu'elles démontrent le peu de valeur des arguments contre l'admission des femmes, ou qu'elles manient l'ironie, elles n'ont pas eu raison de l'entêtement des académiciens qui, en 1893, ont refusé d'enregistrer la candidature de Pauline Savari[62]. Daniel Garcia cite le procès-verbal de la séance qui devait la traiter :

L'Académie prend la résolution suivante, qui répond tout à la fois à la question présentement posée par Mme Pauline Savary, et d'avance à toutes celles qui ultérieurement pourraient lui être présentées dans le même sens : "l'Académie, considérant que ses traditions ne lui permettent pas l'examen de cette question, passe à l'ordre du jour"[63].

Reconnaissons que c'est joliment tourné. C'est seulement à partir des années 1970 que les candidatures féminines se font plus nombreuses, toujours sans succès. Mais à la fin de la décennie, le fruit était mûr, la société française était prête à ne plus laisser les femmes totalement de côté. D. Naudier remarque qu'à partir des années 50 « les luttes contre les inégalités entre les sexes s'expriment publiquement » et « sont à leur paroxysme au cours des années 70[64] ». L'élection de Yourcenar est l'expression de l'impossibilité de continuer à exercer une ségrégation à l'égard des femmes. La querelle dépasse donc largement la personne en cause ; ceci est très clair dès le début de la campagne de presse, même si la stratégie de Yourcenar a sûrement joué aussi son rôle dans sa « victoire ».

61   « Ce ne sera pas le 41ᵉ fauteuil », *La Revue générale*, vol. 116, nº 4, avril 1980, p. 78-79.
62   *Le Point* du 3/3/80.
63   *op. cit.*, p. 252. Selon les sources, on trouve l'orthographe Savari ou Savary.
64   art. cité, p. 47.

Si les réactions à l'élection de Yourcenar sont assez unanimement favorables, quelques voix discordantes se font cependant entendre dans le concert de louanges, tantôt ironiques à l'égard de Yourcenar, tantôt accusatrices pour l'Académie. Ainsi, dans un article intitulé « Tante Yvonne et Marguerite Yourcenar : même (mauvais) combat », la journaliste Michèle Perrein critique Yourcenar qui « se prend pour Hadrien, pour Zénon » et elle s'étonne que l'Académie française s'obstine à ne pas vouloir d'elle :

> Ces vieux messieurs ne se sont-ils pas aperçus qu'ils n'avaient pas affaire à une romancière mais à un écrivain défendant les valeurs du surhomme, peut-être même d'un surhomme de droite ? S'ils ne l'élisent pas, ils vont rater leur énième vieux monsieur (*Marie-Claire*, mars 1980).

On trouve la même idée dans *Le Monde* du 24 janvier 1981, deux jours après la cérémonie de réception : « Osons le dire : l'entrée de la première femme à l'Académie française, qui passe pour un événement, n'est qu'une anecdote. [...] L'instinct dominateur commande chez Yourcenar ».

Mais il y a surtout des commentaires contre l'Académie. Dans *La Revue Nouvelle* de mars 1981, nous lisons ceci :

> Du point de vue féministe, cette élection me semble plutôt à déplorer. [...] S'il a fallu l'apparition d'une personnalité de telle envergure pour que l'Académie française lève son ostracisme séculaire à l'égard des femmes, cela signifie que la barre pour ces dernières est à une altitude presque infranchissable [...] Si l'on mesurait à pareille toise tous les « Immortels » vivants et morts, combien passeraient ? Bien peu je le crains. À moins que l'essence masculine ne leur confère un supplément de valeur qui fait d'eux tous, automatiquement, les égaux de Marguerite Yourcenar.

Victoire féministe ? « Avec tant de retard et tant de réticences, elle me paraît bien ambiguë et bien limitée, presque une amère victoire » (*id*). *Le Point* du 26 janvier 1981 va dans le même sens : « On aurait tort de croire à un succès définitif du féminisme chez les 40 » ; et *La Cité* du 22 janvier conclut : « C'est donc le triomphe de l'intelligence. Non du féminisme ». Le journaliste est sévère, parlant de « réaction de racisme élémentaire » contre les femmes.

Le paradoxe de cette élection est que ses partisans mêmes minimisent l'importance du sexe de Yourcenar au nom de ses qualités d'écrivain :

ceux qui sont *contre* le sont parce que c'est une femme ; ceux qui sont *pour* le sont parce qu'elle n'écrit pas comme une femme[65]. On peut lire dans *Le Point* du 3 mars 1980 : « L'ironie veut qu'aujourd'hui M. Yourcenar soit louée pour la "virilité" de son talent ». Jacqueline Piatier écrit dans *Le Monde* du 10 novembre 1979 : « Les artisans de cette micro-révolution voulaient que le jeu en valût la chandelle. Il leur fallait un grand nom, un talent reconnu et indiscutable, pour tout dire un talent mâle ». Jocelyne François, dans *Le Matin* du 22 janvier 1981, à propos d'Hadrien et de Zénon, parle du désir de Yourcenar, « étant femme par nature de s'approprier le masculin intérieur afin de réaliser en soi l'unité. Et aussi de donner la preuve éclatante de la totalité ». *La France catholique* va dans le même sens :

> On songe ici à ceux qui ont dit que M. Yourcenar écrivait comme un homme. Elle est bien au contraire l'une des très rares femmes à propos de laquelle on ne pense vraiment plus à faire de distinction masculin-féminin, tout simplement parce qu'on se trouve en face de textes littéraires qui atteignent l'universel. Rares sont les femmes, mais rares aussi sont les hommes qui ont cette trempe d'écriture[66].

C'est donc parce qu'on considère qu'elle n'a pas une écriture féminine et que de plus elle n'est pas féministe, qu'elle pourra être élue. Ses parrains et ceux qui la soutiennent se défendent d'agir par féminisme. Stratégie ou conviction personnelle ? Dans *Le Pèlerin* du 25 janvier 1981, Maurice Schumann déclare : « Ai-je besoin de dire que mon choix n'a pas été déterminé par le sexe, mais par le talent ? » Si *Le Figaro Magazine* du 17 décembre 1979 parle de l'« injustifiable tradition d'antiféminisme » de l'Académie, c'est pour ajouter que la candidature de Yourcenar n'a rien à voir avec la « provocation militante » des autres candidatures féministes[67] ; ce qui, selon Félicien Marceau a augmenté ses chances : « Marguerite est une femme qui a une œuvre et toutes deux méritaient considération. Le féminisme était aboli par l'œuvre[68] ». *Les Nouvelles littéraires* du 15 novembre 1979 titrent : « Une femme à

---

65 Voir l'article de Jacques Cordy, dans *Le Soir* du 6/12/79 : « La non-élection de Marguerite Yourcenar à l'Académie française : partie remise ? »

66 *France catholique* du 14/12/79.

67 Voir aussi *L'Express* du 8/12/79, et l'article de Marcel Jullian « Une femme sous la Coupole », dans *le Figaro* du 7/3/80.

68 D. Naudier, art. cité, p. 58.

l'Académie ? Non, un écrivain ». Jean d'Ormesson tiendra toujours le
même discours : il n'a pas pensé à la cause des femmes mais elle était
la personne parfaite pour succéder à Roger Caillois[69]. Elle a « détruit le
mythe de la littérature féminine », dit-il dans *Elle* du 10 décembre 1979.
Et il explique dans *Le Figaro Magazine* du 8-14 mars 1980 : « Mon but
n'était pas de faire pénétrer coûte que coûte, par force, par effraction,
une femme à l'Académie française. Je me déclarais seulement contre la
conception qui l'empêchait d'y entrer, quel que fût son talent ». Pour
avoir plus de chances de faire accepter son élection, ou peut-être sincèrement, on minimise donc souvent son appartenance au sexe féminin.
J. d'Ormesson, le lendemain de l'élection, affirme que la victoire de
M. Yourcenar n'est pas « une victoire du féminisme. C'est une victoire
de la littérature. [...] C'est un écrivain plus qu'une femme qui entre
sous la Coupole[70] ». Il le réaffirme dans son discours d'accueil lors de la
réception de Yourcenar, le 22 janvier 1981 :

> Ce n'est pas parce que vous êtes une femme que vous êtes ici aujourd'hui :
> c'est parce que vous êtes un grand écrivain. Être une femme ne suffit toujours
> pas pour s'asseoir sous la Coupole. Mais être une femme ne suffit plus pour
> être empêchée de s'y asseoir. [...] Nous n'avons pas voulu nous plier à je ne
> sais quelle vogue ou vague du féminisme régnant.

La position de Yourcenar à l'égard du féminisme est ambiguë. Femme
libre s'il en fut, elle n'approuvait pas les mouvements de « libération »
des femmes car selon elle, ils voulaient simplement que les femmes
imitent les hommes[71]. Il n'est pas dans notre propos d'examiner précisément la relation de Yourcenar au féminisme, bien que cette étude,
qui mériterait d'être menée, n'ait jamais été faite sérieusement. Pour ce
qui concerne son élection, l'un des arguments qu'elle avance pour ne
pas être candidate, est précisément le fait qu'elle soit une femme : « J'ai
toujours, à tort ou à raison, trouvé regrettables ces démarches entourées
de tant de rumeurs, parfois d'intrigues [...] ou de cabales. Dans mon
cas, le fait qu'il s'agit d'une femme ajouterait encore à ce petit grand

---

69   J. Savigneau, *op. cit.*, p. 406.

70   *Le Figaro* du 7/3/80.

71   On trouve de nombreuses occurrences de cette idée dans les entretiens. On pourra consulter
     Les Yeux ouverts (YO), Entretiens avec Matthieu Galey, Paris, Le Centurion, 1980, édition
     utilisée : Livre de Poche, 1993, p. 265-268. Voir aussi la lettre à Odette Schwartz du
     31/12/77 qui résume assez clairement son point de vue, dans *L*, p. 581.

bruit », écrit-elle à J. d'Ormesson[72]. Elle lui donne le même argument deux ans plus tard : « Ma qualité de femme rend en quelque sorte cette démarche plus voyante encore[73] ». Elle écrit en substance la même chose à Jean Guéhenno :

> Parce que ma candidature étant forcément une candidature féminine, aurait aux yeux de la presse et du public un aspect particulièrement voyant, j'allais presque dire agressif [...] Je ne voudrais pas paraître jouer un moment le rôle de porte-étendard dans un mouvement qui, à mon sens, passe parfois les bornes (lettre du 7/3/78[74]).

Il est donc très clair que Yourcenar n'a aucunement l'intention de partir à l'assaut de cette forteresse au nom de son appartenance au sexe féminin. Un article de *La Vie* souligne qu'elle « ne parle pas toujours des femmes en termes tendres. Elle ne s'intéresse guère aux revendications des mouvements féministes[75] ». *La France Catholique* du 14 décembre 1979 note que « si elle était féministe, nul doute qu'elle aurait bataillé pour se faire admettre et servir ainsi la cause ». L'échange avec Jean Mistler dans *Radioscopie* de juin 1979 (5e heure) est éclairant sur ce point : à Jacques Chancel qui lui demande s'il y aura un jour une femme à l'Académie et si cette femme pourrait être Marguerite Yourcenar, Jean Mistler répond :

> Je n'en sais rien. Je n'en sais rien. Ce que je constate c'est que jusqu'à maintenant, la plupart des femmes qui se sont présentées à l'Académie française, se sont présentées non pas pour se faire ouvrir les portes, mais pour essayer de les forcer. Alors ça, tout de même, ce sont de très vieilles portes et il faudrait des instruments un peu plus puissants que ceux dont disposent les femmes qui ont été candidates chez nous. [...] Il y a déjà des femmes qui sont dans d'autres Académies où la tradition est moins forte que chez nous [...] Il est fort possible qu'un jour une femme entre à l'Académie, mais ce que je peux dire, c'est que ça sera quelqu'un qui n'aura pas fait de sa candidature l'objet d'une revendication.

À quoi Yourcenar répond avec malice : « J'ai cru entendre dire que Monsieur Mistler [...] était du point de vue simplement de l'Académie,

---

72   Lettre du 24/10/77. Les lettres de M. Yourcenar à J. d'Ormesson sont à la cote *MS Fr* 372.2 (5008).
73   Lettre du 22/10/79, dans *L*, p. 612.
74   Les lettres de M. Yourcenar à J. Guéhenno sont à la cote *MS Fr* 372.2 (4652).
75   Article du 6-12/3/80.

pas à aucun autre, un tout petit peu misogyne. Et je dois dire que je partage ses goûts ». Non seulement elle partage ses goûts, mais ce qu'elle ne dit pas, c'est qu'elle sait depuis longtemps que sa seule chance d'y être un jour admise, c'est précisément de ne pas l'être au nom des femmes. Ce qui ne la dérange pas, puisqu'elle préfère l'universel à l'individuel et qu'elle veut être appréciée en tant que personne et non en tant qu'appartenant à un genre ; mais il ne faut pas perdre de vue que cette attitude fait sans doute aussi partie de sa stratégie.

Jean d'Ormesson fait subtilement remarquer que les motivations de Yourcenar pour toutes ses tergiversations lors de son entrée à l'Académie « venaient, au fond, d'une sorte de féminisme. Il lui semblait important qu'un bastion institutionnel aussi important tombât[76] ». Ce qui est très bien vu. En revanche, s'« il ne lui déplaît pas d'être la première femme qui aura "forcé la porte" » pense Josyane Savigneau, elle est surprise d'être propulsée porte-drapeau de la cause des femmes[77]. Car « en ce premier semestre de 1980, Marguerite Yourcenar, sans le savoir, était devenue un enjeu qui dépassait une simple élection à l'Académie », c'est-à-dire un enjeu politique lié à la cause des femmes, et « il ne déplaisait pas au président de la République [V. Giscard d'Estaing] [...] de clore son septennat [...] sur ce symbole : une femme à l'Académie française[78] ». Yourcenar n'est pas aussi naïve et éloignée de toute cette affaire qu'elle veut bien le laisser entendre, puisqu'elle-même dit : « Mettons que je suis arrivée au moment propice[79] ».

Alain Peyrefitte pour sa part, analyse ainsi la situation : « Les plus misogynes des académiciens ont compris qu'elle ne serait pas gênante. Elle est à plus de 5000 km et d'autres auraient voulu la voir encore plus loin[80] ». Du coup, ce qui devait être un obstacle, à savoir son éloignement géographique et sa volonté affichée de ne pas participer aux séances de l'Académie, se retourne en sa faveur auprès d'académiciens qui voulaient passer pour ouverts, mais désiraient néanmoins rester entre eux. Jean d'Ormesson lui-même reconnaît : « Marguerite Yourcenar nous a beaucoup aidés en ne venant pas à l'Académie après son élection.

---

76 *Garçon, de quoi écrire, op. cit.*, p. 244.
77 *op. cit.*, p. 419.
78 J. Savigneau, *op. cit.*, p. 404-405.
79 *PV*, p. 291.
80 *France Soir* du 8/3/80.

Sans doute y avait-il là un peu de cette coquetterie dont nous avons parlé, mais le résultat a été bénéfique, puisque nous avons peut-être évité des pugilats[81] ».

Paradoxale élection d'une femme qui ne veut pas être candidate, élue par une assemblée qui ne veut pas de femmes ; d'une femme servant, malgré elle, la cause des femmes et des féministes...

Comment ont donc réagi les femmes à cette élection ? Françoise Parturier, candidate malheureuse en 1971, qui avait commenté favorablement l'élection de Yourcenar dans *Paris Match* du 21 mars, lui a écrit une lettre de félicitations très amicale la semaine suivante : « Ces messieurs de l'Académie sont très agités, très malheureux et très drôles. Ils devraient se réjouir que grâce à eux de plus nombreux Français soient en train de lire de grands livres[82] ». Elle écrira un grand article, s'adressant directement à Yourcenar, avec beaucoup de respect, après son décès. Le passage concernant l'Académie mérite d'être cité : évoquant une conversation qu'elle a eue avec Yourcenar après son élection, F. Parturier dit :

> Vous avez été d'une férocité et d'une franchise stupéfiantes. [...] À part le professeur Jean Delay, que vous sembliez bien connaître et bien apprécier, vous m'avez déclaré [...] : "Je n'en connais aucun, aucun ne m'intéresse... [...] Et je ne les connaîtrai jamais. Je n'ai pas été élue, j'ai été nommée. Je fais partie de la politique présidentielle." (*Paris Match* du 5/2/88).

Mais toutes les refusées de l'Académie n'avaient pas le *fair play* de F. Parturier. En effet Marie-Madeleine Martin, historienne, trois fois primée par l'Académie, n'avait obtenu aucune voix lorsqu'elle avait présenté sa candidature en 1978 ; on lui avait expliqué alors que l'Académie ne souhaitait pas recevoir de femmes, la qualité de ses travaux n'étant pas en cause. Ayant accepté cette explication, elle a été furieuse d'apprendre la candidature de Yourcenar et a écrit, le 10 novembre 1979, une lettre outrée au Secrétaire perpétuel[83].

Malgré eux... Mais ils l'ont élue et le ver était désormais dans le fruit malgré les mises en garde d'Alain Peyrefitte à l'issue de l'élection : « C'est nous qui invitons les femmes à nous rejoindre[84] ». *Le Matin* du

---

81 *Garçon, de quoi écrire, op. cit.*, p. 245-246.
82 Lettre du 28/3/80, *Ms Fr* 372 (586).
83 Archives de l'Académie française, cote 5B58.
84 H. Carrère d'Encausse, art. cité, p. 8.

7 mars 1980 le cite : « Mesdames, ne croyez pas que les portes vous soient grandes ouvertes. Le groom s'est refermé et la prochaine qui se présentera risque de payer cette élection cher, très cher[85] ». Il le répétera en 1989 lorsqu'il recevra Jacqueline de Romilly sous la Coupole :

> L'élection de Marguerite Yourcenar fut, parmi nous, un séisme. Pensez donc ! Nous n'avions jamais élu de femme depuis 344 années que nous existions. Dix ans à peine ont fini leur carrière… et vous entrez ici, tout naturellement, sans que votre féminité ait constitué ni un inconvénient ni un avantage. Notre première dame ne pouvait pas être l'unique. Vous ne serez pas la seconde, mais la deuxième dans une théorie (j'allais parler de panathénées) d'académiciennes françaises qui viendront, à leur tour, honorer notre Compagnie – et y ajouter quelque grâce. Simplement, nous avons adopté entre nous, et nous avons déjà appliqué, une loi non écrite (qui pourra durer en tout cas tant que l'Académie sera majoritairement mâle) : quand nous souhaiterons élire une consœur, c'est nous qui ferons les premiers pas ; puisqu'il n'est pas convenable qu'une dame fasse la cour à des hommes[86].

Le discours d'Alain Peyrefitte, qui a été si impliqué et si efficace pour rendre à Yourcenar sa nationalité, permettant ainsi l'enregistrement de sa candidature, laisse songeur : était-il personnellement favorable à cette élection ou obéissait-il à des ordres ?

Lorsque Yourcenar est élue le 6 mars 1980, première femme à entrer sous la Coupole, Pierre de Boisdeffre est optimiste : « Une page venait d'être tournée […] l'historien ne peut s'empêcher de rêver à ce qui va suivre, à ce qui a déjà commencé : la conquête de la science, des arts, des lettres, des affaires, de la morale, de la politique par ce sexe que l'on disait, bien à tort ! faible[87] ». Pour Hélène Carrère d'Encausse, plus réaliste, l'élection de Yourcenar « signifiait que l'Académie avait bien décidé de les accepter [les femmes], mais en choisissant, à sa guise, le moment et la personne. L'égalité était en marche, mais pas totale[88] ».

« Finalement, la première élection d'une femme à l'Académie française fut une affaire d'hommes. C'est en effet un véritable putsch, opéré par un "quarteron" d'académiciens (pas du tout en retraite…) emmenés par

---

85 Déclaration reprise dans *Le Monde* du 8/3/80.
86 A. Peyrefitte, *Réponse au discours de réception de Jacqueline de Romilly*, 26 octobre 1989. Source : Site de l'Académie française.
87 *Nouvelle Revue des deux Mondes* de janvier-mars 1981.
88 art. cité, p. 7.

Jean d'Ormesson, qui régla l'affaire à la hussarde », nous dit D. Garcia[89].
Cependant, contrairement aux prévisions d'Alain Peyrefitte, les élections
des huit femmes qui ont suivi Marguerite Yourcenar à l'Académie, et
même déjà celle de Jacqueline de Romilly, qui fut la deuxième en 1988,
n'ont fait ni scandale ni tumulte. En revanche, il n'avait pas tort de dire
que cette élection n'allait pas ouvrir grand les portes. Neuf femmes en
trente-huit ans, on ne peut pas parler d'invasion ! Pourtant, en 2014,
avant le décès d'Assia Djébar en février 2015, elles étaient six, c'est-à-dire
plus que les 10 % préconisés par d'Alembert au XVIIIᵉ siècle. L'Académie
française n'est donc pas devenue un lieu facilement accessible aux femmes,
mais le pli est peut-être pris bien que les candidatures féminines soient
rarissimes (Voir annexe 7). Le 23 octobre 2014, en réponse au discours
de réception de Dominique Bona, J.-C. Rufin a commencé ainsi :
« Madame ». Bien que trouvant « ce bonheur [...] encore trop rare » et
la présence des femmes encore trop minoritaire, n'ayant lui-même connu
que la mixité à l'Académie (puisqu'élu en 2008), il a ajouté :

> Je suis frappé de constater combien il paraît absolument naturel que les femmes
> y soient présentes [à l'Académie]. Il est presque inconcevable d'imaginer qu'on
> ait pu débattre ici d'une telle question et surtout qu'on y ait si longtemps
> répondu par la négative.

Et Hélène Carrère d'Encausse a pu écrire que

> la grande révolution de la fin du XXᵉ siècle aura été celle que provoqua en son
> sein Jean d'Ormesson, enfant terrible de l'Académie, éternel jeune homme
> au regard clair, qui força la "tribu des quarante mâles" à accepter enfin la
> compagnie de femmes (*Des siècles d'immortalité*, p. 336).

Elle explique d'ailleurs que pour Jacqueline de Romilly et elle-même (elle
a été élue en 1990), c'est un groupe d'académiciens qui les a représentées :
« Jusqu'alors ces groupes d'initiative électorale existaient surtout pour
élire les ecclésiastiques qui, selon l'usage, ne "pouvaient briguer" [...]
Mais sitôt après, les élections féminines vont relever d'une procédure
normale impliquant acte de candidature et visites aux électeurs[90] ».
    Et depuis ? Jacqueline de Romilly a été la première femme à faire partie
de la commission du dictionnaire, et y sont entrées ensuite H. Carrère

---

89   *op. cit.*, p. 253.
90   *op. cit.*, p. 342.

d'Encausse, Florence Delay et Danielle Sallenave. À partir de l'élection de Florence Delay, en 2000, il y a un peu plus de femmes élues (6 en 18 ans contre 3 en 20 ans), et un nombre de candidatures un peu plus important. La dernière femme élue a été Barbara Cassin en 2018, et Assia Djébar, décédée en 2015, a été remplacée par un homme, Andréï Makine. François Bégaudeau remarque que les lauréates qui ont suivi Yourcenar ont respecté scrupuleusement les règles académiques, ce qui le conduit à penser que « la féminisation était une modernisation à peu de frais. Le subtil biais pour que rien ne change[91] ».

On a beaucoup parlé de la misogynie et du conservatisme de l'Académie française, oubliant les quatre autres Académies de l'Institut de France. S'il est vrai que l'Académie française n'arrive qu'en quatrième position pour faire entrer des femmes, elle n'est pas la dernière, l'Académie des Beaux-Arts ayant attendu 2000 pour élire la première femme, Jeanne Moreau. C'est l'Académie des Sciences morales et politiques qui a été la première, en 1971, en admettant Suzanne Bastid ; suivie en 1975 par l'Académie des Inscriptions et Belles lettres qui a accueilli Jacqueline de Romilly, puis par l'Académie des Sciences qui a accepté la première femme en 1979 : Yvonne Choquet-Bruhat. Elles n'ont pas devancé de beaucoup l'Académie française.

De plus, le nombre de femmes à l'Académie des Sciences morales et politiques, jusqu'à ce jour est plus faible que celui de l'Académie française, avec seulement six femmes élues. On fait la même constatation pour l'Académie des Inscriptions et Belles-Lettres qui n'a fait entrer que cinq femmes depuis 1975. Les femmes élues à l'Académie des Sciences sont bien plus nombreuses, il y en a 27. Mais comme celle-ci comprend 264 membres, la proportion n'est guère supérieure à celle des autres Académies, l'Académie des Beaux-Arts exceptée qui ne compte aujourd'hui encore que six femmes[92]. Hélène Carrère d'Encausse, première femme Secrétaire perpétuel de l'Académie française, pouvait donc écrire en 2012 : « Si l'Académie française n'a pas été la première à élire une femme [...] c'est en revanche la plus ancienne, la plus traditionnelle des Académies qui la première a porté une femme au Secrétariat perpétuel[93] ». Elle semble, du coup, bien progressiste.

---

91 *L'Ancien Régime*, Incipit, 2016, p. 88.
92 Source : site officiel de l'Institut de France et des différentes Académies.
93 art. cité, p. 8.

UNE PLUIE D'HONNEURS

Si le succès des œuvres que Yourcenar a publiées entre 1952 et 1977, ainsi que les honneurs qu'elle a reçus, ont largement contribué à lui ouvrir les portes de l'Académie, une fois académicienne, elle a bénéficié de la publicité occasionnée par son élection, et ce d'autant plus que celle-ci avait été houleuse et qu'elle était la première femme à y être élue. Ainsi, un grand nombre d'articles saluaient chaque nouvelle publication. Lorsqu'elle eut un accident de la circulation au Kenya, en 1983, lorsqu'elle fut hospitalisée en 1985, les journaux, et même la presse locale, en parlèrent abondamment. Pendant la dernière décennie de sa vie, les honneurs, qu'elle refusa parfois, se multiplièrent.

Honneurs officiels d'abord : le 26 mars 1980, a lieu à Boston la cérémonie au cours de laquelle on lui remet l'insigne d'Officier de la Légion d'Honneur[94]. On lui remet, en janvier 1981, la Grande médaille de Vermeil de la Ville de Paris : *Le Figaro* du 7 janvier précise qu'elle a eu à cette occasion un entretien de 45 mn avec Jacques Chirac, alors Maire de Paris. Elle sera nommée au plus haut grade, celui de Commandeur de la Légion d'Honneur, le 5 avril 1985, et en recevra les insignes le 26 février 1986 à New York. Le même jour, au cours de la même cérémonie, elle sera décorée de la médaille d'or du National Arts club de New York[95], et Walter Kaiser, un ami, et traducteur de ses œuvres en anglais depuis la mort de Grace Frick, fera le discours[96].

Honneurs universitaires ensuite : le monde académique américain s'intéresse sérieusement à elle. En juin 1980 en effet, elle est nommée docteur *Honoris causa* de l'Université de Harvard[97]. Mais elle en refusera d'autres, dont voici quelques exemples glanés dans la correspondance : en 1981, elle refuse le Doctorat *Honoris causa* du Marymount Manhattan

---

94   La nomination date du 28 décembre 1979. Source : lette de la Grande chancellerie de la Légion d'Honneur du 9/12/2014.

95   Voir les lettres du 18/6/85 et du 28/3/86, adressées à M. Yourcenar, *MS Fr* 372.2 (3366).

96   Elle parle de cette cérémonie comme d'une corvée à Édith et Frederick Farrell (lettre du 16 février 1986 dans *L*, p. 669). Le texte du discours se trouve à la cote *Ms Fr* 372.2 (867).

97   La chronologie de la Pléiade indique juin 1981, mais la personne contactée à Harvard m'a indiqué la date de juin 1980, information confirmée par une lettre de Walter Kaiser à Yourcenar du 3/4/80, *Ms Fr* 372 (393).

College de New York[98] ; de Dartmouth College (New Hampshire, USA[99]) ; en 1983, celui de Middlebury College (Vermont, USA)[100] ; ou encore en 1985 celui de l'American College in Paris, toujours au motif de sa santé et de son travail[101]. Toutes les lettres de refus ont été écrites et signées par « Jean E. Lunt, Assistant to Madame Yourcenar ». Nous apprenons par une lettre de Walter Kaiser du 3 avril 1980 que suite à la réponse négative de Jean Lunt, le Président de Harvard avait demandé à W. Kaiser d'intervenir pour convaincre Yourcenar d'accepter. Kaiser ajoute qu'il tient personnellement beaucoup à ce qu'elle reçoive cette récompense et qu'il la demande pour elle depuis plusieurs années. Il a dû être convaincant puisque Yourcenar a finalement accepté. Il semble d'autre part que les premières recherches sur son œuvre réunies en volume datent de 1983, aux Pays-Bas ; et le premier colloque international a eu lieu à Valencia (Espagne) en 1984[102].

Honneurs littéraires enfin : elle sera l'un des rares auteurs vivants (la seule avec Julien Green à ce moment-là) à entrer dans la prestigieuse *Bibliothèque de La Pléiade* (Gallimard), en 1982. Un échange de courrier avec Claude Gallimard datant de juin 1979 montre un projet déjà assez avancé, au moment où il était question de son élection[103]. Ce sera une nouvelle occasion pour elle d'imposer sa volonté à son éditeur qui ne peut plus rien lui refuser : en effet, contrairement à la ligne éditoriale de la collection, elle exige qu'il n'y ait ni notes, ni versions primitives, ni notices. Elle exige son texte définitif seul et, pour unique concession, accepte une biographie et une bibliographie, mais données et approuvées par elle.

En mai 1980, son vieil ami Carlo Bronne lui demande d'accepter le patronage d'honneur du Congrès de la Société des écrivains ardennais qui aura lieu en octobre[104]. Elle sera reçue en 1982 à l'American Academy of Arts and Letters (New York, USA). Mais elle refusera de faire partie de l'American PEN « because she could not be an active member[105] ».

---

98 Lettre du 16/7/81, *Ms Fr* 372.2 (4897).
99 *Ms Fr* 372.2 (4446).
100 Lettre du 26/2/83 *MS Fr* 372.2 (3280) et sa réponse du 2/3/83, *MS Fr* 372.2 (4923).
101 Lettre du 27/1/85, *MS Fr* 372.2 (4150).
102 F. Bonali-Fiquet, *op. cit.*, p. 23-24.
103 *Ms Fr* 372.2 (5539).
104 lettre du 18/5/80, *MS Fr* 372.2 (2114).
105 Lettre du 28/10/84, *MS Fr* 372.2 (4149), écrite par Jean E. Lunt.

Elle refuse, en 1983, de faire une communication devant les membres de l'American Academy of Arts and Sciences, toujours pour les mêmes raisons[106]. Les esprits chagrins pourraient penser qu'au faîte de la gloire, elle n'est pas intéressée par des honneurs secondaires. Il semble cependant que les raisons qu'elle avance (santé, voyages et besoin de temps pour son œuvre) ne soient pas toujours des prétextes polis. En effet, la même année, en 1984, elle accepte de devenir membre d'Honneur de l'Académie du Var, laquelle précise que cela ne lui donnera aucune obligation. Yourcenar a écrit en haut de la lettre : « I am named member of Honor of this small and old provincial Academy[107] ».

En 1983, avec trois autres lauréats (Raymond Aron ; Isaiah Berlin ; Leszek Kolakowski), Yourcenar reçoit à Amsterdam, le 27 octobre, le Prix Érasme auquel elle semble tenir. Carlo Bronne, membre de ce jury, l'avertit officieusement[108]. Yourcenar a beau se défendre de faire partie du monde littéraire, on voit qu'elle y a de solides appuis[109]. C'est « un des prix qui l'émeut le plus », affirme une de ses biographes[110]. Le programme de la soirée, agrémenté de ballets, annonce un discours d'ouverture par le Président de la Fondation *Praemium Erasmianum*, la lecture des motifs d'attribution par le Directeur de la Fondation, une allocution d'éloges par le Prince Bernhardt des Pays-Bas, Régent de la Fondation, et l'Allocution de remerciement par M. Yourcenar qui parle au nom de tous les lauréats. Ce prix leur étant attribué en tant que « représentants d'une tradition intellectuelle européenne que caractérisent l'esprit critique, la pensée exempte de dogmatisme et le respect de la liberté individuelle[111] », Yourcenar, dans son discours, après avoir expédié en quelques lignes les remerciements, s'attache à évoquer Érasme, le

---

106 Lettre du 6/6/83, *MS Fr* 372.2 (4148), écrite par Jean E. Lunt.

107 Lettre du 24/12/84, *MS Fr* 372.2 (907).

108 Lettre non datée, mais qui a été écrite au début de l'été 1982, *MS Fr* 372.2 (2114). En fait, le Directeur du Prix, H.-R. Hoetink, a informé Yourcenar par lettre le 18 juin, *Ms Fr*, 372.2 (2524).

109 « Je déteste tous les mondes littéraires, parce qu'ils représentent tous de fausses valeurs », *PV*, p. 392 (entretien de 1986-1987).

110 M. Goslar, Biographie, p. 301. *Le Figaro* du 29/10/82 annonce le prix décerné par la Fondation *Praemium Erasmianum*.

111 Dans une lettre du 18/6/82, H.-R. Hoetink, Directeur de la Fondation Praemium Erasmianum, explicite les motifs d'attribution aux quatre candidats : érudition, grande originalité, sens critique et non conformisme (toutes les lettres de H.-R. Hoetink sont à la cote *Ms Fr* 372.2 (2524).

premier des grands européens[112]. Le discours du Prince Bernhardt des Pays-Bas explique que le prix a été remis à M. Yourcenar

> parce qu'elle possède une capacité admirable, reposant sur une vaste érudition, de faire sienne (sic) l'esprit d'autres personnes et d'autres époques ; parce qu'en suivant les traces des moralistes français, elle nous fait découvrir la relativité de toute situation humaine ; parce qu'en signalant à travers ses personnages historiques ce qu'il y a d'unique et en même temps d'universel chez les individus de certaines époques, elle professe une foi fondamentalement humaniste en l'Homme[113].

On comprend mieux, en lisant ce texte, pourquoi ce prix lui était cher : elle a certainement été sensible à la reconnaissance de son intérêt pour l'universel. La fondation voulant publier une plaquette pour l'occasion, Yourcenar a suggéré que Walter Kaiser écrive le texte la concernant, ce qui a été accepté[114].

Il semble que Yourcenar soit allée quelquefois à Amsterdam pour se rendre à l'Institut Érasme, comme on peut le voir dans la chronologie de la Pléiade où elle précise ses visites en novembre 1984 et novembre 1986. Lors d'un entretien avec Francesca Sanvitale pour la *RAI* en 1986, elle dit : « J'appartiens à l'Institut Érasme – j'ai reçu le prix Érasme il y a quelques années et depuis, je vais assez souvent à leurs réunions en novembre[115] ». Et en avril 1987, elle dit à Shusha Guppy :

> Les Hollandais ont eu la gentillesse de m'élire à leur Académie, l'Institut Érasme pour les Arts et les Lettres ; à l'opposé de son correspondant français, elle accorde un prix substantiel dont la moitié doit être une donation à une œuvre caritative. J'ai remis la mienne au WWF. Ils ont tout d'abord protesté, disant que l'Institut devait promouvoir les arts et les lettres, ni les lions ni les oiseaux ! Mais j'ai dit que je serais obligée de refuser le prix si je ne pouvais faire ma donation, et ils ont accepté[116] ».

---

112 Ce discours a été publié dans *Roman 20-50*, mai 1990, p. 117-121.

113 Source : Fondation *Praemium Erasmianum*, Annual Report, 1983.

114 Lettre du 2/7/82 de Yourcenar, *Ms Fr* 372.2 (4532) ; réponse de Hoetink du 28/7/82, *Ms Fr* 372.2 (2524). Il paraîtra sous le titre : « The achievment of Marguerite Yourcenar », *European liberty*, La Haye, Martinus Nijhoff Publishers, 1983.

115 *PV*, p. 375. Dans une lettre à son neveu, elle dit qu'elle a dû « renoncer à la visite habituelle à Amsterdam en novembre » (lettre de novembre 1985, dans *L*, p. 663). Il s'agit peut-être des visites à l'Institut Érasme.

116 *PV*, p. 391. Échange de lettres entre Yourcenar et Hoetink à ce propos entre le 9 juin et le 8 juillet 1983.

Une fois de plus se manifeste la volonté très affirmée de Yourcenar qui, bien qu'appréciant les honneurs, prend le risque de les laisser passer si elle ne peut mener les choses comme elle l'entend : c'est une constante de son tempérament et de son comportement. En ce qui concerne son discours d'ailleurs, le Directeur lui dit qu'il s'agit d'un simple remerciement et non d'un essai sur la culture européenne[117]. Yourcenar fera cependant un travail sur Érasme, et son texte sera plus long qu'à l'accoutumée[118].

En mai 1987, l'American Academy of Arts and Sciences (Cambridge, USA), qui ne lui tient pas rigueur de son refus de présenter une conférence quelques années plus tôt, l'intègre parmi ses membres. En octobre, ultime honneur, elle reçoit le 1er prix de l'Écrivain européen, lors du premier festival européen des écrivains dont le jury est composé de 15 critiques littéraires et de 15 libraires de 15 pays[119]. Les études sur l'œuvre yourcenarienne vont également commencer de son vivant. La SIEY (Société Internationale d'Études Yourcenariennes) créée, avec son accord, en avril 1987, favorisera une multitude de recherches dans des domaines très variés, fera paraître son premier *Bulletin* dès 1987 et organisera à Tours son premier colloque l'année suivante sur le thème « Marguerite Yourcenar et l'art ; l'art de Marguerite Yourcenar », dont les actes paraîtront en 1990. Toujours en 1987, au mois d'août, est créée une Association des lecteurs et amis de l'œuvre de Marguerite Yourcenar, beaucoup moins active, présidée par M. Dominique Gaboret-Guiselin, prévoyant la publication d'un bulletin annuel *Regards sur Marguerite Yourcenar*[120].

L'élection de Yourcenar à l'Académie française a même eu des répercussions jusqu'en Chine, où elle a été commentée dans quelques journaux et où elle a marqué le début de traductions de ses livres en chinois et d'une étude académique de son œuvre[121].

---

117 Lettre du 28/7/82.
118 Lettre du 23/9/83.
119 *Le Quotidien de Paris* du 20/10/87 ; voir aussi *Septentrion*, n° 4, 1987.
120 Source : archives de l'Académie française H14.
121 M. Brémond, Y. Liu, « Marguerite Yourcenar et la Chine : un double regard », Bulletin *SIEY* n° 35, 2014, p. 173 *sqq.* Quelques exemples d'articles : Liu Bingwen, « la première femme invitée à être parmi les immortels », *Zhongshan*, n° 2, 1999, Nanjing ; Liu Men, « Marguerite Yourcenar, première académicienne de l'Académie française », *Lire*, n° 4, 1988, Beijing ; Liu Mingjiu, « L'Immortel que j'ai vu », *Lire*, n° 5, 1982, Beijing.

Et Yourcenar aura acquis suffisamment de notoriété pour pouvoir, dès 1982, créer la Fondation Marguerite Yourcenar pour la sauvegarde de la flore et de la faune et la création d'une réserve naturelle au Mont Noir, sous l'égide de la Fondation de France.

LES PENSÉES SECRÈTES DE MARGUERITE

Nous terminerons par une question délicate : qui, dans cette affaire, a vraiment tiré les ficelles ? Yourcenar a-t-elle été aussi passive et rétive que la relation des faits et la lecture de la correspondance peuvent le laisser supposer ? Au-delà de sa très claire réticence, il ne faut pas mésestimer une possible stratégie. Mais avant de tenter de répondre à cette question, sans doute est-il nécessaire de faire un rappel, ou un détour.

Il y a clairement, dans le comportement de Yourcenar à l'égard de l'argent, des éditeurs, de son œuvre, un avant et un après la seconde guerre mondiale, peut-être même plutôt un avant et un après l'écriture de *Mémoires d'Hadrien*. Certes, dans les années trente, elle avait déjà tissé des liens avec des intellectuels français, grecs, belges. Mais on ne sent pas encore à cette époque de volonté inébranlable, elle semble agir parfois avec légèreté sans trop prévoir les conséquences de ses actes. Avec *Mémoires d'Hadrien* se révèlent cette fermeté, cette intransigeance, si particulières. Non que le succès lui ait tourné la tête, il n'est pas encore arrivé à l'époque des pourparlers en vue de l'édition du roman ; mais c'est à ce moment-là qu'elle a commencé à imposer ses vues, tandis qu'auparavant cela lui était difficile. Nul doute non plus que l'expérience désastreuse de ses placements financiers avant-guerre et la nécessité dans laquelle elle s'est trouvée de travailler pendant quelques années lui aient servi de leçon[1]. Plus que l'argent d'ailleurs, sa correspondance et ses choix en attestent, c'est la volonté farouche de laisser une œuvre respectée et reconnue, associée à une soif énorme de liberté qui ont été les moteurs de ses décisions et de son comportement jusqu'à la fin de sa vie. L'Académie n'échappe pas à ce mode de fonctionnement.

En effet, malgré le dédain que Yourcenar a toujours affiché pour le monde littéraire en général[2] et pour l'Académie française en particulier ;

---

1   On pourra consulter la correspondance concernant ses problèmes financiers dans *Marguerite Yourcenar, Correspondance avec Joseph Massabuau, 1928-1939*, Bulletin du Cidmy, 2011.

2   Ainsi *Le Havre libre* titrait le 2 mars 1985 : « Je ne suis pas la femme des honneurs officiels ».

malgré le fait qu'elle ait toujours pris le risque de ne pas obtenir tel ou tel honneur si on n'en passait pas par où elle voulait, il ressort de l'étude des archives et des documents concernant son entrée à l'Académie française, qu'elle s'est comportée en cette circonstance comme elle l'a toujours fait, avec ses éditeurs ou avec les gens qui la contrariaient, c'est-à-dire qu'elle n'a pas dévié d'un centimètre de ses positions initiales et que ce sont les autres qui ont dû bouger leurs lignes ; elle-même concédant alors quelques millimètres... Mais il ressort surtout que Yourcenar a su mettre en place un système qui l'a portée au faîte de la célébrité et de la gloire, même si cela a pris du temps : si nous l'avons vue plutôt passive pour sa candidature à l'Académie, elle a en fait travaillé pour devenir incontournable, et a patiemment créé un réseau dans les milieux littéraires aussi bien belges que français, construction qui a porté ses fruits et lui a permis d'avoir non seulement des admirateurs anonymes mais des amis dans des jurys ou dans les différentes Académies. De façon plus voyante, elle a joué à fond le jeu médiatique et a accepté pendant quelques années, même à des moments de sa vie où l'on aurait attendu le contraire, la présence chez elle de journalistes pour des entretiens qui devaient paraître dans des journaux, à la radio, ou à la télévision.

LE DÉDAIN AFFICHÉ

Dans les années 1970, quand Yourcenar entre à l'Académie belge, elle semble déjà ne pas se faire une haute idée de l'Académie française. Ainsi, alors que Carlo Bronne lui demande si son éditeur parisien, Gallimard, pourrait publier les discours de sa réception, elle répond : « Mon impression personnelle est que le provincialisme parisien va peut-être jouer là, et le [Claude Gallimard] désintéresser de tout ce qui n'est pas le club de vieux messieurs du Quai Conti[3] ». Le coup de griffe vise aussi l'éditeur... Dans une lettre de 1971 à Jean Chalon, elle parle du « gâchage de lignes dans la presse pour les rabâchages de l'Académie

---

3   Lettre du 20/2/71.

ou sur l'Académie[4] ». En 1974, à propos du discours de réception de Claude Lévi-Strauss, elle écrit à Jeanne Carayon :

> À notre époque où tout se défait, on s'était dit qu'il y a quelque chose de beau dans une institution qui dure depuis trois siècles, même si ces fauteuils n'ont pas toujours été bien remplis, et si les uniformes de ces messieurs sont ceux des préfets napoléoniens, et non les nobles robes du XVIIᵉ siècle qui les rendraient vénérables. Puis, quand on pense à tout ce qui se mêle, traditionnellement, de méchanceté et de mesquinerie dans ces réceptions académiques (le dénigrement caché dans l'éloge), aux intrigues et aux coups de chapeau que chaque élection représente, et à cet art de parler pour rien que pratiquent à la fois celui qui reçoit et celui qui est reçu, on est frappé surtout par une certaine futilité (14 août 1974, dans *L*, p. 440).

Le temps ne la fera pas changer d'avis puisque quelques années plus tard, après avoir remercié J. Chalon pour son article la proposant à l'Académie, elle ajoute :

> Je me demande si nous n'oublions pas trop que l'Académie est un club, qui élit ceux qu'il veut, et non pas un Panthéon pour vivants [...] où l'on est propulsé par son propre mérite. Mais est-ce important ? Sait-on aujourd'hui si Rousseau (non, il était suisse) ou Stendhal (non, il habitait l'Italie) ont été académiciens ? On s'imagine vaguement qu'ils ont dû l'être, ou l'on se dit qu'ils auraient dû... N'est-ce pas assez sans commander une pièce de drap vert ? Ce qui reste, c'est l'expression de l'amitié et le beau plaidoyer dans lequel elle se condense (lettre du 1/12/77, dans *L*, p. 580).

Elle répètera à plusieurs de ses interlocuteurs l'importance pour elle du geste amical : « Pour moi l'essentiel de ce qu'une élection à l'Académie me donnerait est obtenu : l'assurance que quelques personnes dont l'estime m'est infiniment précieuse se sont intéressées à ce projet. Votre chaleureuse sympathie est un don que je n'oublierai pas » écrit-elle à J. d'Ormesson dans sa lettre du 12 octobre 1977 ; et à J. Guéhenno le 7 mars 1978 : « Je tiens beaucoup à l'estime de quelques amis, très peu aux honneurs en tant qu'honneurs ». Après son élection, elle répète à Jean d'Ormesson : « Cette élection, en ce qui me concerne, c'est d'abord Jean d'Ormesson et les dix-neuf autres personnes qui l'ont soutenu et dont quelques-uns, comme Jean Delay ou Étienne Wolff, étaient déjà pour moi des amis[5] ». Nous savons, qu'elle avait lu l'ouvrage de Jean Delay

---

4   Lettre de juillet 1971, dans *L*, p. 625.
5   Lettre du 10/4/80, dans *L*, p. 629. Voir aussi *PV*, p. 274 (1980) et p. 288 (1981).

sur Gide en 1962, mais n'avait pas apprécié le « dogme psychologique » sur lequel il basait sa lecture[6]. Mais nous ignorons quand elle l'a connu personnellement : la correspondance que nous avons débute en 1980 et montre des liens déjà existants et chaleureux, voire affectueux tout au moins avec Madeleine Delay. Par ailleurs, une allusion au « visage doux et ferme de Grace Frick » sur lequel « tant d'autres visages comme dévorés par la souffrance [...] se sont superposés[7] », incline à penser que la rencontre avec les Delay a eu lieu au plus tard lors du dernier voyage de Yourcenar en France avant l'enfermement des dernières années de la vie de sa compagne, c'est-à-dire en juin 1971. En effet, Yourcenar n'est plus retournée en France jusqu'en 1980.

Même lorsqu'elle acceptera d'être présentée par Jean d'Ormesson, elle affichera un désintérêt total (sincère, feint ou stratégique ?) pour cette élection. À Jacques Chancel qui lui demande en juin 1979 : « Ce serait une joie pour vous d'entrer à l'Académie française ? », elle répond : « Le mot joie est bien grand ». Et comme il insiste, elle demande :

> – Enfin dans l'histoire, combien pèsent ces honneurs-là, dans ce que nous pensons d'un écrivain ?
> – Je dois comprendre, Marguerite Yourcenar, que vous ne souhaitez pas entrer à l'Académie française ?
> – Non (*Radioscopie*, juin 1979, 3e heure).

« Cela m'est indifférent » dira-t-elle quelques jours avant l'élection[8]. *France Soir* du 5 mars 1980 titre : « L'Académie ne me donne même pas un frisson ! » Elle prétend même qu'elle n'a accepté que par politesse[9]. Ceci dit, on peut se demander s'il est bien poli, et même amical, de le dire dans la presse... Quelques mois plus tôt, elle avait déclaré dans un journal américain de l'état du Maine : « *The Academy is rather a foolish thing.* [...] *They have never had a woman among them. So it is a very great deal for them to recommend a woman and I think it's foolish*[10] ». Et six jours avant la cérémonie de réception, elle disait au micro de

6   Lettre du 20/2/62 à Jean Schlumberger, dans *L*, p. 165.
7   Lettre du 22/1/80 à Madeleine Delay, Bibliothèque littéraire Jacques Doucet, fonds Delay, cote DLY d 180.
8   *PV*, mars 1980, p. 274.
9   *PV*, 1981, p. 289.
10   *The Times Record, Brunswick* du 27/12/1979, article d'Elaine Apostola : « L'Académie est quelque chose d'assez ridicule (stupide). [...] Ils n'ont jamais eu de femme parmi eux.

Bernard Pivot que cette cérémonie serait pour elle plus une épreuve qu'un plaisir[11].

On peut lire dans *La Vie* du 6-12 mars 1980 que Yourcenar, juste avant l'élection, est sereine et « continue à ne pas croire à la nécessité des honneurs » ; ce dont on peut douter car elle en a reçu beaucoup et les a presque tous acceptés, ce que Roger Peyrefitte, dans *Le Quotidien de Paris* du 23 janvier 1981, relève avec un soupçon de méchanceté. Il parle de la « feinte modestie qui lui fait professer son mépris pour les honneurs : elle les a tous eus en fait de prix et de distinctions et il ne lui restait à recevoir que la consécration de l'Académie française ». Et en effet, à la lecture de *Donc, c'est non*, petit ouvrage qui rassemble toutes les lettres de refus à des prix ou propositions de conférences ou d'interviews qu'Henri Michaux a envoyées, on se demande pourquoi, ayant le dédain de ces choses, elle a joué si bien, mais à sa façon, le jeu de la reconnaissance publique et des media[12].

Pendant ce temps, loin de cette agitation parisienne, avec une extrême désinvolture (peut-on vraiment croire à un hasard ? N'y aurait-il pas un nouveau coup médiatique bien orchestré ?), elle embarque le jour même de l'élection à bord du *Mermoz* pour une croisière dans les Caraïbes, et apprend le résultat sur le bateau… Que pense-t-elle de son élection ? Dans un carnet de voyage, il est écrit : « 6 mars : on apprend au moment d'embarquer des nouvelles de l'Académie française[13] ». Recevant lettres, télégrammes, coups de téléphone sur le bateau, elle aurait dit : « Ils m'ont eue[14] ! ». Elle écrit le 3 août 1980 à son neveu Georges de Crayencour que les media l'ont « désagréablement poursuivie lors de la croisière en Amérique Centrale et en juin à Boston, lors de la promotion à la Légion d'Honneur ». Et elle ajoute qu'elle a beaucoup apprécié d'avoir été accueillie à l'Académie de Belgique « sans fracas d'aucune sorte[15] ».

Timothy D. Allman, qui l'a rencontrée pour des entretiens en août 1980, soit quelques mois après son élection, rapporte que « pendant des

---

Donc c'est une grande affaire pour eux de recommander une femme et je pense que c'est ridicule ».

11   *Apostrophes* du 16 janvier 1981.
12   Henri Michaux, *Donc, c'est non*, lettres présentées par Jean-Luc Outers, Paris, Gallimard, 2016.
13   Goslar, *Biographie*, p. 301.
14   Goslar, *Biographie*, p. 305.
15   Dans *L*, p. 368.

années, alors que ses partisans s'efforçaient de faire avancer sa candidature, elle conserva dans son bureau du Maine un dossier étiqueté "Académie française : ne pas répondre"[16] ». Silvia Baron-Supervielle, dans une émission de France-Culture en 2016, a raconté qu'alors qu'elle séjournait chez Yourcenar durant l'été 1983, celle-ci, tous les matins, recevait beaucoup de courrier : « Elle faisait un tas avec les lettres qui disaient "Marguerite Yourcenar de l'Académie française" et les autres. Et puis après, carrément, sans le moindre scrupule ni me regarder ni rien, elle prenait le tas de l'Académie française et elle l'envoyait à la poubelle ». Réagissant à la surprise de son invitée, elle lui dit : « Les gens qui écrivent Académie française sous mon nom n'ont pas lu mes livres[17] ». N'y aurait-il pas là une mise en scène ? En effet, peu après son élection, elle écrivait à son éditeur qu'elle acceptait la mention « de l'Académie française » : « Nous ne pouvons l'éviter, du moment que tout le monde la met[18] ». Surprenante soumission de la part de quelqu'un qui n'a pas en général le souci de faire comme tout le monde, et son élection à l'Académie a montré qu'elle n'a même rien fait comme personne !

La différence de comportement, de ton à l'égard de l'Académie française et de l'Académie royale de langue et de littérature françaises de Belgique est sensible à tous les niveaux : aussi bien dans son acceptation, immédiate pour l'Académie belge, avec moult réticences pour la française, que dans ses déclarations. Nous ne rencontrons aucune trace de jugement négatif sur l'Académie belge, et elle exprime même le désir d'assister aux séances à Bruxelles, tandis qu'elle déclare fermement et sans se lasser qu'elle ne sera pas assidue à Paris. Certes, dix ans ont passé, et l'âge joue sans doute. Mais la différence de ton dans sa correspondance avec ses parrains et avec les Secrétaires perpétuels des deux Académies, est très frappante. On sent une amitié, une sympathie avec Carlo Bronne et Marcel Thiry ; une raideur, une distance avec Jean Mistler et même avec Jean d'Ormesson.

Sans doute était-elle beaucoup plus au courant de ce qui se disait dans la presse à propos de sa candidature que ce qu'elle voulait bien dire. Dans une lettre du 20 janvier 1978 à Claude Gallimard (il est alors question de

---

16   Article traduit et publié par Bérengère Deprez, *Marguerite Yourcenar et les États-Unis*, Racine, 2012, p. 153.

17   Transcription de l'émission *La Compagnie des auteurs* de Matthieu Garrigou-Lagrange, du 17 février 2016 sur France Culture.

18   Lettre à Claude Gallimard du 27/7/80, *Ms Fr* 372.2 (5539).

remplacer Jean Rostand), elle laisse entendre qu'en raison des « intrigues académiques » elle mettra en avant des raisons personnelles pour ne pas se présenter[19]. Lors de sa candidature, elle devait déjà être agacée aussi bien par tout le bruit fait autour de son élection que par les réticences de ces messieurs. Mais Jean d'Ormesson a été d'une souplesse et d'une courtoisie exemplaires ; or ses lettres à elle sont aimables, sans plus.

Ses deux discours de réception montrent également de façon très perceptible une Yourcenar amicale dans un cas, distante et tendue dans l'autre. On ne saurait dire ce qu'elle reproche le plus à l'Académie française : le scandale fait autour d'elle ? l'impression d'avoir été une sorte d'otage (du mouvement féministe, des politiques, du clan des « Modernes ») ? le fait que tant d'Académiciens ne veuillent pas d'elle ?

Son refus de présenter sa candidature à l'Académie pourrait être compris comme une attitude d'orgueil pour éviter l'échec assuré, aussi bien que comme un dédain d'aristocrate qui n'a rien à solliciter ; ou encore comme une stratégie pour mieux désarmer les opposants à sa candidature. Il y a sans doute un peu de vrai dans chacune de ces suppositions et l'on ne peut s'empêcher de sentir de la malice dans son attitude. Sans doute avait-elle la rancune tenace, et acceptait-elle mal les difficultés faites par les académiciens pour l'admettre parmi eux. Josyane Savigneau rapporte qu'après l'élection, quand on lui demandait pourquoi elle n'allait pas à l'Académie lorsqu'elle se trouvait à Paris, elle répondait : « J'y suis allée une fois. Ce sont de vieux gamins qui s'amusent ensemble le jeudi. Je crois qu'une femme n'a pas grand-chose à faire là-dedans[20] ». Nous croyons entendre George Sand… Quelques mois avant sa mort, elle répondait à un journaliste :

> Jean d'Ormesson m'a écrit en me demandant si je verrais une objection à être nommée, sans aucune visite ou autre effort de ma part. J'ai dit oui, trouvant qu'il serait discourtois de refuser. J'ai eu tort. Certains académiciens sont sérieux et intéressants ; il y a également, et il y en a toujours eu, des choix plus médiocres (Interview de 1987, *PV*, p. 391-392).

Jean d'Ormesson pense qu'elle n'avait pas apprécié l'affaire Michel Droit, et qu'elle avait eu l'impression d'avoir été instrumentalisée[21].

---

19 Document aimablement fourni par le service des Archives des Éditions Gallimard.
20 *op. cit.*, p. 407.
21 Conversation téléphonique d'octobre 2015.

Pourtant, il n'est pas dupe du jeu de Yourcenar, puisqu'il dira en 1989 : « Ce qui est sûr, c'est que personne n'est jamais obligé de se rendre Quai Conti. [...] On n'y est pas poussé malgré soi. On rentre à l'Académie parce qu'on le souhaite. Il en fut ainsi de Montherlant et de Mme Yourcenar » qui, l'un comme l'autre « ont fait des histoires, ont pris des poses, oui, non, mais comment faire, tout un cirque inutile. Et qui n'a pas grande importance[22] ».

LA CONSTRUCTION D'UN RÉSEAU SOLIDE

Ce dédain ouvertement affiché et conservé tout au long de sa vie, même après son élection, va de pair avec l'image qu'elle construit de la dame qui vit isolée sur son île au Nord-Est des États-Unis, dont le nom même évoque la solitude. Mais il faut savoir que l'île des Monts Déserts, bien qu'assez éloignée des grands centres urbains les plus proches (Boston, New York), a été reliée au continent par une route dès 1820, et que le Parc National de l'Acadie qui attire et organise le tourisme, a été créé en 1916[23]. Par ailleurs, Petite Plaisance se trouve certes hors du village de Northeast Harbor, sûrement moins peuplé l'hiver que l'été, mais la maison est en bord de route et entourée d'habitations très proches ; elle n'a rien d'une maison isolée dans les bois. Joan E. Howard, membre du trust « Petite Plaisance » et auteur d'une biographie de Grace Frick, a eu l'amabilité de fournir l'indication suivante : le village était plus important à l'époque où Yourcenar s'y est installée qu'aujourd'hui. Il avait notamment « trois épiceries ouvertes à l'année, une boulangerie, un marché aux poissons, des restaurants pour tous types de clientèles, des tavernes où l'on pouvait boire et danser jusqu'à une heure, un cinéma qui passait des films dès leur sortie, un grand magasin, une librairie, une pharmacie et un lycée. C'était le genre d'endroit où de bonnes marcheuses comme Grace et Marguerite pouvaient facilement s'en sortir sans voiture[24] ».

---

22 *Garçon, de quoi écrire, op. cit.*, p. 243.
23 Source : Parc National d'Acadie, Maine, USA.
24 Joan E. Howard, *« We met in Paris » – Grace Frick and Her Life with Marguerite Yourcenar*, University of Missouri Press, 2018.

À l'écart tout de même bien sûr, mais sa correspondance volumineuse, dont une petite partie seulement est éditée, témoigne de ces liens jamais rompus, toujours entretenus, tissés, enrichis au fil des années et de la notoriété montante, avec des écrivains, des académiciens – belges et français – des critiques, des éditeurs, bref, avec le monde littéraire et intellectuel dont elle dit peu se préoccuper. À l'écart sur son île, certes, mais sans cesse reliée, remerciant les uns pour leurs critiques favorables, corrigeant les autres dans le cas contraire, luttant pour ses droits d'auteur, s'expliquant, se justifiant, donnant des leçons aussi à des correspondants qui quêtent ses avis.

C'est ainsi que nous trouvons dans les archives des échanges plus ou moins amicaux, plus ou moins durables avec quelques académiciens ou futurs académiciens français ou belges dès 1952. Le Cidmy a publié une plaquette qui rassemble tous les articles de Georges Sion sur Yourcenar ; le premier article date de 1947 et dès lors il a écrit sur quasiment toutes ses publications. Elle correspondra avec lui à partir de 1954. Carlo Bronne, qui a écrit plusieurs articles sur son œuvre dès 1965, et commence à correspondre avec elle de façon très amicale à partir de 1968, fait partie de deux jurys littéraires qui lui ont attribué des prix : le Prix Prince Pierre de Monaco et le Prix Érasme.

Nous avons déjà mentionné les relations belges ; attardons-nous ici sur les contacts avec des Français : il y a bien sûr les gens qu'elle connaît déjà, depuis les années trente comme Cocteau[25] ; ou Paul Morand qu'elle a rencontré pour la première fois en 1936 car il était directeur de collection à la *NRF*, et avec qui elle restera en contact épistolaire[26]. Déjà à cette époque où elle est reconnue de la critique mais n'a pas encore accès au grand public, elle est liée à André Fraigneau, Edmond Jaloux, Boudot-Lamotte[27]… Il y a aussi Caillois rencontré pendant la guerre. Mais en 1952, après la publication de *Mémoires d'Hadrien*, les choses s'accélèrent. Elle écrit à des écrivains et des critiques, elle se pose d'emblée comme quelqu'un dont l'avis compte, elle traite d'égal à égal.

25 Voir sa lettre de 1963 dans *HZ III*, p. 335. Elle a une vraie affection pour Cocteau qui entrera à l'Académie française en 1955.

26 P. Morand entrera à l'Académie en 1968 (voir lettre de décembre 1971, dans *L*, p. 387). Yourcenar écrira à J. Chalon qu'elle a entretenu avec Morand « des relations fort espacées, mais cordiales, depuis qu'il avait en 1937 accueilli un de [ses] livres dans sa collection de la Nouvelle » (lettre du 3/2/77, *L*, p. 527).

27 J. Savigneau, *op. cit.*, p. 123.

Parfois, elle répond à une lettre de félicitations, parfois elle prend les devants, ce qui est extrêmement intéressant et qui amène à s'interroger sur ses motivations. On remarque que les premiers contacts se nouent à l'occasion des parutions de ses ouvrages.

Elle écrit à Émile Henriot pour son article à propos du prix Femina-Vacaresco[28], elle remercie Robert Kemp pour son article sur *Électre ou la chute des masques*[29]. Elle n'hésite pas non plus à écrire à Pierre Emmanuel en 1975 lorsqu'il démissionne de l'Académie suite à l'élection de Félicien Marceau[30]. Elle ne se doutait sûrement pas que ce dernier serait quelques années plus tard l'un de ses défenseurs pour son entrée à l'Académie ! En 1968, elle a un échange épistolaire avec Jean Guéhenno et Jean Mistler. Elle envoie à Guéhenno, académicien depuis 1962, un exemplaire de *L'Œuvre au noir*, puis le remercie pour son article paru dans *Le Figaro*, n'omettant pas de lui rappeler qu'elle a publié en 1932 « Le changeur d'or » dans la Revue *Europe* dont il était alors directeur[31]. Rappelons que Guéhenno fut membre du jury qui décerna à Yourcenar le Grand prix national des lettres en 1974. Quant à Mistler, académicien depuis 1966, elle lui écrit une lettre de remerciements pour son article « si généreux » sur *l'Œuvre au noir*, le 15 mai 1968, dans un style inhabituel chez elle : « Les mots me manquent pour vous dire combien m'a touché votre article sur *L'Œuvre au noir* ». Il s'agit de la première critique du roman : « Vous savez avec quelle sourde et presque superstitieuse inquiétude un auteur attend ce premier jugement[32] ». À cette époque-là, elle avoue donc une inquiétude à propos de la réception de ses œuvres, avant de faire preuve, plus tard, d'une sage indifférence. Mais sa seconde lettre à J. Mistler est encore plus surprenante de la part de qui affirme que les honneurs ne l'intéressent pas et que l'Académie ne lui donne même pas un frisson : c'est le 24 juin 1977, alors qu'elle vient de recevoir le Grand prix de l'Académie française. Elle évoque l'« heureuse et flatteuse nouvelle » :

---

28   Lettres du 9/1/52 et du 29/5/53, dans *HZ*, p. 116 et 153.

29   Nous avons trois lettres à R. Kemp, de 1952, 1954 et 1956 (dans *HZ*, p. 172, 432 et 516). R. Kemp sera élu à l'Académie en 1956.

30   Lettre du 18/12/75, *Ms Fr* 372.2 (4528), et réponse de P. Emmanuel du 10/1/76, *Ms Fr* 372 (252). On trouvera des détails sur cette affaire dans J. Savigneau, *op. cit.*, p. 401 ; L-B. Robitaille, *op. cit.*, p. 298, et R. de Castries, *op. cit.*, p. 411-412.

31   Lettre du 15/5/68 à J. Mistler et lettre du 22/7/68 à J. Guéhenno en réponse à sa lettre du 17/6/68, puis lettre du 22 septembre 1968. Guéhenno fut directeur de la revue *Europe* de 1929 à 1936.

32   *Ms Fr*, 372.2 (4124).

Je tiens à vous dire ma reconnaissance pour la gracieuse façon dont vous m'annoncez cette nouvelle. [...] Une distinction comme celle qui m'échoit me rappelle ce sceau que les collectionneurs princiers de l'ancien Japon apposaient sur un lavis ou sur une estampe, et par ce signe, en attestaient la valeur, l'augmentant par là-même, et parfois en faisant tout le prix (*Ms Fr*, 372.2 (4124)).

Un prix de l'Académie qui fait tout le prix de l'œuvre ? Voici qui peut étonner les naïfs qui se fient à l'image qu'elle a construite d'elle-même à partir du moment où elle a commencé à être visible sur la scène médiatique ! Alors ? Que devons-nous penser ? Expression d'un sentiment vrai dans une lettre personnelle ou flatterie destinée à se faire bien voir du Secrétaire perpétuel de l'Académie ? Nous ne trancherons pas, mais la lettre est là, qui laisse songeur. Fait plus intéressant, piquant même puisque nous connaissons à présent l'avis de Lévi-Strauss sur la question, est l'envoi qu'elle lui fit d'*Archives du Nord*, auquel il réagit dans une lettre du 10 septembre 1977 : « Que vous ayez gardé le souvenir de cette rencontre chez Nicole et Raymond de Saussure il y a tant d'années ajoute encore au plaisir que j'éprouve en recevant votre nouveau livre[33] ». On peut se demander pourquoi Yourcenar a ressenti le besoin, en 1977, et pas avant, de se rappeler au bon souvenir de Claude Lévi-Strauss... Elle aurait pu aussi bien le faire en 1973, date où il est entré à l'Académie française, pour le féliciter[34]... Guéhenno en 1968, Lévi-Strauss en 1977, la tactique est la même : envoi d'un ouvrage et rappel de leur rencontre dans le passé. Elle récidive en 1979 avec l'envoi de *La Couronne et la lyre*, accompagnée du message suivant :

À Claude Lévi-Strauss
Hommage sympathique
Marguerite Yourcenar
La condition humaine vue par douze siècles de poètes grecs[35]

La deuxième tactique consiste, on l'a vu, à remercier les critiques et académiciens qui font des articles élogieux de ses œuvres. La même année, elle avait remercié François Nourissier d'un article sur *Archives*

---

33 *Ms Fr*, 372 (448).
34 Dans ses entretiens avec Matthieu Galey, qui sortiront au moment de son élection, elle rappelle qu'elle a rencontré Lévi-Strauss tout jeune encore pendant la guerre, à New York (*YO*, p. 145).
35 *BnF*, Département des Manuscrits, Fonds Claude Lévi-Strauss, NAF 28150 (204).

du Nord, François Nourissier, élu à l'Académie Goncourt... en 1977[36]. Une dédicace de Julien Green (entré à l'Académie française en 1971) nous apprend qu'elle lui a envoyé à lui aussi un ouvrage :

> À Madame Marguerite Yourcenar avec tous mes remerciements pour ses admirables *Archives du Nord*, en respectueux hommage. Julien Green ; *Ms Fr* 372.2 (2743).

Plusieurs journalistes ou académiciens qui écrivent sur son œuvre participent à des jurys qui la priment (annexe 3). Ses amis ou ses admirateurs agissent pour elle, aussi bien en Belgique qu'en France. Nous savons que Jacques de Lacretelle et Yourcenar avaient une amie commune, et que cette dernière l'a informée qu'il lui était favorable pour le Prix Prince de Monaco[37]. Elle établit une correspondance également avec les journalistes qui parlent d'elle : Jean Chalon, qui jouera un rôle important en mettant la question de son élection sur la place publique, par sa lettre ouverte à J. Mistler parue le 26 novembre 1977 dans *Le Figaro*. On peut citer aussi Pierre de Boisdeffre, qui écrit des articles sur ses œuvres à partir de 1963 au moins, membre du jury du Prix Combat, et avec qui elle correspondra à partir de 1972. J. Savigneau le constate : après le Grand prix de l'Académie en 1977, « elle envoie, plus que jamais, des mots de remerciement aux critiques littéraires[38] ». Le volume de correspondance *Lettres à ses amis et quelques autres* en donne plusieurs exemples. Yourcenar a soigné ses relations avec des gens qui comptaient, même si elle n'a jamais craint de donner franchement son avis quand elle le jugeait nécessaire, ni même d'être sèche comme en atteste sa correspondance avec Jean Chalon[39]. L'essentiel pour elle était son œuvre, sa publication, sa réception, sa mise en valeur. Et si la reconnaissance de l'œuvre passait par des honneurs, il fallait faire en sorte que ces honneurs soient reçus, toujours reçus, jamais sollicités ; ce sera là une pierre d'achoppement pour l'Académie française, et elle réussira le tour de force non seulement d'y entrer, mais de s'y faire prier.

---

36 Lettre du 20/9/77, dans *L*, p. 558. Elle le remercie de son article « qui est le premier à [lui] parvenir. Sa généreuse sympathie [la] réchauffe ».
37 Lettre d'Anne Quellennec du 17/2/72, *Ms Fr* 372.2 (3526).
38 *op. cit.*, p. 373.
39 Voir les lettres du 3/2/77 et du 27/12/78 par exemple, dans *L*, p. 527-528 et 598-600.

À FOND DANS LE JEU MÉDIATIQUE

La presse s'est intéressée à Yourcenar à partir de *Mémoires d'Hadrien*.
Chaque parution, chaque prix, provoque une série d'articles de façon
très régulière. À partir de 1977 et de l'attribution du Grand prix de
littérature de l'Académie française pour l'ensemble de son œuvre, les
interviews, les articles de presse et les émissions de radio ou de télévision
qui commentent ses œuvres se multiplient. À cette époque-là, Marguerite
Yourcenar n'a sans doute plus besoin d'être sans arrêt interviewée
pour établir sa notoriété, ni pour la promotion de son œuvre. Or, elle
qui se retranche si souvent derrière son travail pour refuser telle ou
telle conférence, passe un temps incroyable, non seulement on l'a vu,
à établir une correspondance avec de nombreux hommes de lettres
bien implantés dans le monde littéraire et journalistique, mais aussi à
donner des interviews[40]. Pourtant, cette période, la fin des années 70,
est particulièrement pénible pour elle d'un point de vue personnel
puisque sa compagne, Grace Frick, lutte contre la mort. Yourcenar ne
pouvant pas quitter Petite Plaisance, elle reçoit chez elle les journalistes
qui viennent l'enregistrer et la filmer :

> Pourquoi Marguerite Yourcenar accepte-t-elle ce défilé au pire moment pour
> Grace ? Est-ce un pur effet de son égocentrisme ? Sans doute pas. Elle veut
> éviter le face-à-face permanent avec Grace, avec la mort de Grace qui lui
> est une angoisse profonde, ce qu'elle dira le moins possible, et comme par
> inadvertance (J. Savigneau, *op. cit.*, p. 382).

La biographe essaie de sauver Yourcenar, elle a peut-être raison, à
moins qu'on ne considère comme égocentrisme l'incapacité de laisser
de côté son image publique pour se consacrer à la fin de vie d'un être
aimé. Yourcenar éprouve d'ailleurs le besoin de se justifier auprès de
son neveu dans une lettre où elle lui annonce les différentes visites
qu'elle a reçues : Jacques Chancel en mai 1979 ou Bernard Pivot en
septembre 1979, soit deux mois avant la mort de Grace Frick. Elle
explique qu'elle accepte cela car l'éditeur y tient « encore qu'il ait la

---

40 Il existe deux recueils de ses entretiens, *Marguerite Yourcenar, Entretiens avec des Belges*,
Cidmy, 1999 et *Portrait d'une voix*, Gallimard, 2002 ; mais beaucoup n'ont pas été réunis.

gentillesse de ne pas m'y obliger ». Pourquoi accepter tant de visites alors ? Elle n'a jamais eu peur de déplaire à ses éditeurs ! Quelques-unes suffiraient peut-être. Certes, comme elle le dit à son neveu, « le travail littéraire que je réussis à poursuivre (pas tant "créativement" qu'en ce qui concerne les épreuves, les retouches [...] m'aide également[41] ». Elle ajoute qu'habitant dans une île, « on ne peut pas couper tous les ponts[42] ». Mais les a-t-elle jamais coupés ? Il est une chose primordiale pour Yourcenar, et qui passe avant tout le reste, c'est son œuvre. Sans doute veut-elle saisir la chance de faire la promotion de ses ouvrages, souci permanent chez elle. Déjà en 1977, début de la vraie notoriété, elle écrivait à Jeanne Carayon qu'elle ne disposait plus du temps suffisant pour écrire une œuvre littéraire, « prix payé pour le succès[43] ». Plus tard, le 23 mai 1981, à l'heure de la grande célébrité, elle écrirait à l'un de ses correspondants : « Combien décevante cette transformation par les média d'une femme [...] en une ennuyeuse et conventionnelle vedette[44] » ; ce qui laisse penser qu'elle n'y prenait aucun plaisir en effet. Mais ce prix, elle est prête à le payer. Il est question ici de sa raison d'être : son œuvre. Francesca Counihan a montré dans sa thèse quelle énergie elle avait déployée pour maîtriser son œuvre, pour orienter la lecture que l'on pouvait en faire, pour imposer une image d'elle qu'elle avait fabriquée[45]. Béatrice Ness va dans le même sens lorsqu'elle constate que Yourcenar, qui semble donner tous les éléments pour accéder à son œuvre, oriente en réalité la lecture critique[46]. Ce prix à payer est pourtant élevé, c'est le manque de temps pour le travail, c'est aussi le perpétuel mouvement dans la maison en vue de l'avenir « académique » de Marguerite sous les yeux de celle qui se sait condamnée, qui souffre et qui doit recevoir du monde chez elle : Grace. Cette année-là a été terrible : « Depuis le début de l'année cela a été un tourment presque continu pour elle[47] ». Malgré cette

---

41 Lettre du 17/9/79, *L*, p. 613.
42 Lettre du 28/5/79, *L*, p. 603.
43 Lettre du 12/11/77, *L*, p. 578.
44 Lettre à l'abbé André Desjardins, dans *L*, p. 645.
45 F. Counihan, *L'autorité dans l'œuvre romanesque de Marguerite Yourcenar*, Lille, Presses Universitaires du Septentrion, 2000.
46 B. Ness, « Le succès Yourcenar : vérité et mystification », *The French Review*, vol. 64, n° 5, avril 1995, p. 794-803, notamment p. 798-799.
47 Lettre à G. de Crayencour du 8/12/79, dans *L*, p. 623-624.

situation, Yourcenar a reçu chez elle et presque jusqu'à la fin de la vie de Grace des journalistes et des équipes de radio ou de télévision chez elle. Égoïsme ? Cruauté involontaire ?

Il faudrait connaître le point de vue de Grace pour répondre à cette question. Était-ce insupportable pour elle ? Ou pensait-elle qu'il ne fallait pas laisser passer cette chance de consécration d'une œuvre à laquelle elle-même avait aussi d'une certaine manière voué sa vie ? Le carnet de 1979 est encore sous scellés et nous ne savons pas si elle y exprime la même fierté que dans celui de 1978 lorsqu'elle y notait les encouragements de leurs amis[48].

Pourtant, Yourcenar sait refuser des visites, comme elle le fait pendant l'été 1979 lorsqu'une collaboratrice de son neveu propose de passer la voir. Et l'on peut se demander si ses colères à l'égard des journalistes qui se comportent mal avec Grace ou qui parlent mal d'elle ne sont pas une forme de colère contre elle-même, un des moyens d'apaiser peut-être un sentiment de culpabilité[49].

Parvenant ainsi à se faire connaître du grand public par le biais d'émissions prestigieuses, Yourcenar devient une célébrité difficile à rejeter par l'Académie. Par ailleurs, cette campagne a eu un retentissement énorme et un volumineux dossier de presse, ce qui est une excellente opération de promotion pour l'œuvre. Françoise Ducout, dans le magazine *Elle* du 10 décembre 1979 remarquait :

> Ce 8 novembre donc, Henri Coulonges reçoit le grand prix de l'Académie française [...] Événement presque éclipsé par l'annonce de la candidature de Marguerite Yourcenar au fauteuil de Roger Caillois.

Un mois plus tard, le journaliste des *Nouvelles Littéraires* se demandait : « Pourquoi un livre aussi difficile que *La Couronne et la lyre* se vend-il si bien ? » devenant « un surprenant best-seller[50] ». Et *Le Monde* du 5 mars 1980 remarquait : « Toute la ville en parle, tous les regards se tournent vers l'Académie française où, jeudi prochain, une femme a quelque chance d'occuper le fauteuil de Roger Caillois ».

---

48 Source : conversation du 27 juin 2016 avec Joan Howard. Nous n'avons pas pu, à ce jour, obtenir les carnets de 1977 et 1978 qui se trouvent à Harvard.

49 Il y eut des difficultés notamment avec Patrick de Rosbo, Elvire de Brissac (lettre à J. Chalon du 29/11/79, *L*, p. 527-528) et Jean-Paul Kauffmann (J. Savigneau, *op. cit.*, p. 383-384).

50 10-17 janvier 1980.

Cela fait naître un sentiment très étrange : honnêteté de Yourcenar et duplicité en même temps. Car après s'être construit un solide réseau dans le monde littéraire, elle s'est fabriqué une image très présente dans les médias, deuxième pièce de la stratégie. Sans oublier la dernière pièce : l'indifférence aux honneurs. Cela, il fallait que ce soit mis en avant, aussi bien par son refus de candidater que par ses commentaires aux journalistes.

Yourcenar a été la première femme élue à l'Académie française, peut-être parce que son talent était « masculin » ; certainement parce qu'elle avait beaucoup de talent, qu'elle était, et qu'elle est toujours, un des très grands noms de la littérature française. Elle a été élue parce que l'époque l'a permis, parce que des hommes déterminés sont montés au créneau pour elle, mais aussi parce que cette promotion spectaculaire et symbolique d'une femme servait les intérêts politiques du pouvoir en place et était attendue par la société française. Mais elle a pu être élue également car, disant dédaigner les honneurs, elle les a tous acceptés (les plus importants en tout cas), se construisant peu à peu une légitimité indiscutable ; car mettant en avant son isolement sur son île, elle a en réalité sans cesse tissé un réseau serré de connaissances et d'amitiés, et parce que disant qu'elle refusait de jouer le jeu de la candidature académique, elle a joué le jeu médiatique qui lui a permis de forcer la main à ses adversaires ; certainement aussi parce qu'elle a su ne pas vouloir entrer de force et ne rien revendiquer en tant que femme. Si ses réponses négatives de 1977 étaient sincères – et il est très probable qu'elle a vraiment cru que son élection relevait de l'impossible-, en revanche, à partir de 1979, quand elle a accepté de remplacer Roger Caillois à son fauteuil, on peut penser à une stratégie. En somme Yourcenar a été élue car son attitude correspondait à ce qu'il fallait faire pour entrer à l'Académie, mais qu'elle correspondait aussi à sa nature. Il ne faut pas oublier qu'elle a gagné tous ses procès ; et même quand elle n'est pas allée jusque-là, elle a presque toujours obtenu gain de cause dans ses conflits avec ses éditeurs, même dans des cas où sa cause n'était pas la meilleure. Elle y a dépensé beaucoup d'énergie. Elle était prête à ne pas faire paraître un livre, à refuser un prix si les conditions qu'on lui faisait ne lui convenaient pas. Elle a pris des risques et a gagné. Son comportement envers l'Académie n'a pas été différent.

CONCLUSION

Comme elle l'avait annoncé, Yourcenar n'est pratiquement jamais allée assister à une séance de l'Académie française... Alain Decaux s'est offusqué de son absence, mais reconnaissons qu'elle avait annoncé la couleur[1]. En réalité, elle y est allée une fois après son élection, « en coup de vent[2] ». Josyane Savigneau raconte qu'à partir de la fin octobre 1981 elle est à Paris[3] :

> Elle se rend à l'Académie – ce sera la seule fois après sa réception – lors du vote pour le Grand prix du Roman. Ses faveurs allaient à Michel del Castillo, qui n'est pas couronné. Ce n'est pas de nature à améliorer les relations de Marguerite, qui déteste perdre, avec ses congénères (*op. cit.*, p. 422).

Les procès-verbaux des séances confirment qu'elle était bien présente le 5 novembre 1981, pour le Grand Prix du Roman, et que Michel del Castillo a obtenu 2 voix contre 19 à Jean Raspail.

Elle qui a toujours mis en avant l'universalité, elle qui affirmait avoir « des douzaines de patries[4] », a eu des relations privilégiées et étroites surtout avec trois : la Belgique, pays de sa mère dont elle n'a jamais eu la nationalité, la France, pays de son père dont elle a eu la nationalité, mais avec un long intervalle pendant lequel, sans doute par négligence, elle l'a perdue (entre 1947 et 1979), les États-Unis dont elle est devenue citoyenne en 1947. C'est autour de ces trois pays que s'est construite sa vie, que s'est élaborée son œuvre, et c'est d'eux qu'elle a reçu la plupart des récompenses et des honneurs qui l'ont consacrée : nombreux prix littéraires et décorations officielles en France,

---

1 D. Peras, art. cité, p. 2.
2 L.-B. Robitaille, *op. cit.*, p. 33. Il cite A. Decaux en p. 176, qui dit la même chose ; D. Garcia, *op. cit.*, p. 267.
3 Information confirmée par le Bulletin du Cidmy, *Les voyages de Marguerite Yourcenar*, 1996, p. 125.
4 Entretien de septembre 1979, pour *Apostrophes* du 7/12/79, transcrit dans *PV*, p. 251.

Académie en Belgique (ce qui lui ouvrira la porte de la cour des grands et dont elle sera toujours reconnaissante). Et c'est à Bruxelles qu'en 1989, le CIDMY, Centre International de Documentation Marguerite Yourcenar, a été créé pour mettre à disposition du public et des chercheurs une documentation sur son œuvre. Les États-Unis seront le seul pays à lui donner une reconnaissance universitaire, ce à quoi elle a certainement été très sensible. Elle lèguera d'ailleurs ses archives à la Houghton Library, l'une des bibliothèques de la prestigieuse Université de Harvard, ainsi qu'un certain nombre de documents à Bowdoin College, dans le Maine.

Lors de la bataille pour l'Académie française, la presse américaine et surtout la presse belge, ont suivi les péripéties de la campagne et en ont rendu compte régulièrement, comme le remarque *Le Figaro* du 8 mars 1980[5]. « Trois pays revendiquent la première immortelle » titre *Le Soir* du 7 mars 1980 ; et le *Journal de Genève* du 23 janvier 1981 note la présence, lors de sa réception sous la Coupole, des ambassadeurs des États-Unis et de Belgique. Aussi bien l'ambassade des États-Unis que celle de Belgique, ont d'ailleurs offert une réception en son honneur à Paris pour cette occasion[6].

Marguerite Yourcenar est morte le 17 décembre 1987, sur l'île des Monts Déserts, dans le Maine, aux États-Unis. Ne résistons pas au plaisir de transcrire l'avis de décès publié par l'Académie dans *Le Monde* du 30 décembre de la même année :

> Les membres de l'Académie française ont la tristesse de faire part de la disparition de leur confrère Marguerite Yourcenar, commandeur de la Légion d'Honneur, Officier de l'Ordre national du mérite, décédée à 84 ans, le 18 décembre 1987 à Monts Deserts (Maine, USA).

Cet avis a été publié dans *Le Canard enchaîné* du même jour, avec ce commentaire : « On savait déjà que la présence d'une femme à l'Académie française n'avait jamais été vraiment digérée par les autres birbes. Confirmation en est donnée à la lecture de l'avis de décès :

---

5   Il cite plusieurs journaux, essentiellement le journal *Libre Belgique* (articles les 8-9/3/80 ; 11/3/80 ; 7/11/80 et 23/1/81), *Le Soir*, (articles les 10/11/79 ; 6/12/79 ; 7/3/80 et 23/1/81), *La Cité* (articles les 7/3/80 et 22/1/81).

6   Source : discours de réception à l'Académie royale de Belgique de Dominique Rolin, www.arllfb.be.

[…] Un *confrère* qui est *décédée*[7]… et ta sœur ? ». Maurice Druon, alors Secrétaire perpétuel de l'Académie, envoie le message suivant à *l'AFP* :

> Madame Marguerite Yourcenar demeurera comme un des grands stylistes de la littérature française de ce demi-siècle.
>
> C'est à ce titre que l'Académie française avait aboli, pour elle, le tabou, souvent mis en cause depuis le XVIIe siècle mais jamais levé jusque-là, de l'admission des femmes dans la Compagnie.
>
> Nous regrettons d'avoir trop peu profité de ce que sa vaste culture classique aurait pu nous apporter. Nous partageons le deuil de ses lecteurs et admirateurs (Archives de l'Académie française, cote H 14).

Ce texte résume très bien les choses : c'est parce que jusque-là aucune ne le méritait que l'Académie n'avait pas encore ouvert ses portes aux femmes, dédouanée de ses réticences. Son absence a été regrettée, ce qui prend la première académicienne en défaut.

Josyane Savigneau rapporte que « personne ne représentait l'Académie française au service funèbre célébré à sa mémoire le 16 janvier 1988 dans l'île des Monts Deserts[8] », signe selon elle que les académiciens lui ont « fait payer […] d'une manière particulièrement grossière » de s'être sentis obligés de l'accepter parmi eux, ainsi que toutes les difficultés qu'elle avait causées. Sans doute. Mais Yourcenar échappe-t-elle à la même critique ? Il semblerait que son impolitesse, son mépris ouvertement affiché, aient blessé surtout ceux qui l'avaient soutenue. Après l'élection, elle n'a pas gardé de contact épistolaire avec Jean d'Ormesson comme elle l'avait fait avec les académiciens belges. Valéry Giscard d'Estaing dit en passant : « Elle n'a jamais manifesté aucune reconnaissance. C'était peut-être son caractère, je ne la connais pas assez[9] ». Il a été sans doute difficile à ces hommes de comprendre pourquoi elle avait refusé l'invitation à dîner du Président de la République[10], alors qu'elle acceptait les invitations de l'Ambassade de Belgique et des États-Unis. Michel Déon, qui passe pour avoir été l'un de ceux qui lui étaient favorables, semble amer lorsqu'il juge son attitude et son œuvre : elle

---

7   C'est nous qui soulignons. Il y a une erreur dans le communiqué de l'Académie. Yourcenar est bien décédée le 17 décembre, mais ce sont les journaux du 18 qui annoncent la nouvelle. Le dictionnaire des membres de l'Institut de France mentionne bien la date du 17.

8   *op. cit.*, p. 408.

9   Entretien du 14/9/2016.

10 Savigneau, *op. cit.*, p. 176.

n'est jamais allée aux séances (le mot « jamais » est souligné) « pourtant intéressantes et justifiant le rôle de la Compagnie dans la vie de la nation » ; elle connaissait « superficiellement » l'œuvre de Caillois ; son œuvre est « tombée dans l'oubli ou presque sauf son *Hadrien*[11] ». On peut comprendre leur réserve à l'égard de cette femme qui s'est servie d'eux, et les a ignorés une fois obtenu ce qu'elle désirait.

Cependant, le 7 janvier 1988 dans une séance à l'Académie, Jean d'Ormesson a rendu « hommage à Mme Marguerite Yourcenar » ; hommage au cours duquel il a parlé de son « dédain des institutions — y compris, peut-être, l'Académie française » et a rappelé : « Elle a été, dans les tumultes, la première femme à être élue sous la Coupole, ce qui marque de toute façon une date dans l'histoire de notre littérature et de notre société[12] ». Mais elle qui avait été si peu empressée à entrer à l'Académie, qui avait ajouté des obstacles aux obstacles attendus, qui semblait peu intéressée par cet honneur que certains de ses amis voulaient lui rendre, elle a voulu que ses cendres soient enveloppées dans le châle blanc de sa réception, ce qui a conduit une de ses biographes à penser que l'Académie était plus importante pour elle que ce qu'elle avait bien voulu dire[13].

Le temps a passé, et même si tout n'a pas été pardonné, même si l'on sent, derrière les propos toujours courtois de ceux qui ont œuvré à son élection, quelque amertume, la hache de guerre a été enterrée. Pour les trente ans de son élection, l'Académie française a fait quelques émissions, que l'on peut trouver sur le site de Canal Académie. L'Académie royale de langue et littérature françaises de Belgique a célébré le centenaire de sa naissance, lors de sa séance publique du 15 novembre 2003 par une table ronde réunissant une dizaine de chercheurs et académiciens : Yourcenar, comme elle l'avait sûrement souhaité toute sa vie, est aujourd'hui au nombre des grands écrivains incontournables du XXᵉ siècle.

Yourcenar disparue, elle a été remplacée, et de nouveaux académiciens ont à leur tour fait l'exercice du discours en hommage au prédécesseur :

---

11   Lettre du 25/8/2016.
12   Source : site de l'Académie française.
13   Goslar, « Coulisses », p. 13. L'information est donnée par Walter Kaiser dans le discours d'hommage qu'il a prononcé lors de la cérémonie du 16 janvier 1988. Son texte est reproduit dans J. Savigneau, *op. cit.*, p. 507-512.

Jean-Denis Bredin[14] à l'Académie française et Dominique Rolin[15] à l'Académie royale de langue et littérature françaises de Belgique. Nous ne saurons pas si Yourcenar aurait aimé les avoir pour successeurs, et peu importe.

Dans son « remerciement », J.-D. Bredin ne se demande pas pourquoi d'autres femmes avaient été refusées avant elle, mais pourquoi elle fut la première : « Serait-ce parce que lui fut souvent prêté un talent masculin, dans un classement arbitraire des sensibilités ? Serait-ce que la force et le poids de sa culture gréco-latine lui conféraient chez vous une sorte de légitimité ? Ces raisons pourraient se mêler et chacun de vos choix est, heureusement, un mystère ». Et il évoque la lente évolution qui fut nécessaire pour que les femmes puissent entrer à l'Académie, évoquant avec malice les différentes définitions du mot « femme » dans le dictionnaire de l'Académie :

> La femme est la "femelle de l'homme" dans la première édition, et encore tout au long du dix-huitième siècle. Devenue "la femelle, la compagne de l'homme", en 1835, elle ne fut promue par votre dictionnaire qu'au vingtième siècle, dans l'édition de 1935, à la dignité d'"être humain de sexe féminin". Restaient encore la force des coutumes, les contraintes de l'uniforme, l'exigence de l'épée... Il ne fallait plus qu'un demi-siècle pour que vous offriez à Marguerite Yourcenar le fauteuil que son talent sollicitait. Et voici qu'elle ne s'y est pas assise. Infidèle, capricieuse, désinvolte, ainsi vous est apparue la première femme reçue par vous.

La rencontre de l'Académie française et de cette « star de l'intelligence et de la sagesse » qu'est Marguerite Yourcenar « ne fut pas une aventure ordinaire : rien que deux rendez-vous, le temps de deux après-midi[16] ».

Au terme de cette étude, plusieurs remarques s'imposent. Il est acquis que l'élection de Yourcenar à l'Académie a ouvert la porte aux femmes et que cela n'est pas un mal ; que la cause était juste et la femme bien choisie.

Il est également acquis que les académiciens qui, il y a si peu de temps, refusaient encore d'accueillir une femme parmi eux, semblent avoir été bien rétrogrades, voire légèrement ridicules pour certains. Mais le bien-fondé de la cause ne doit pas faire oublier l'attitude de l'intéressée

---

14   Professeur de droit, historien et avocat.
15   Écrivain belge, installée à Paris.
16   Source : site de l'Académie française.

elle-même. Qu'elle ait un peu rusé pour recevoir ce qui est considéré par beaucoup comme la consécration ultime d'un écrivain, n'a rien de choquant. Après tout, c'est de bonne guerre, et c'était certainement la seule stratégie possible. Qu'elle refuse de représenter la cause des femmes doit également être respecté, quoi qu'on en pense : non seulement cela n'était pas en contradiction avec tout ce qu'elle avait toujours dit à ce sujet, mais était en totale cohérence avec sa stratégie. On doit aussi prendre en compte le fait que pour elle, l'objet essentiel de sa vie était son œuvre et qu'elle a mis toute son énergie non seulement à la construire, mais à lui donner un rang parmi la grande littérature ; ce qui explique bien des aspects surprenants, notamment son côté procédurier ou sa « manie » des préfaces, postfaces et autres auto-commentaires. Mais l'épisode de son élection à l'Académie révèle aussi la face cachée de Yourcenar : une ambiguïté, voire une duplicité qui peut surprendre. Un manque de courtoisie voire une hargne qui détonnent, une exigence terrible qui n'est pas forcément justifiée. Il révèle également un paradoxe, si ce n'est une incohérence dans son comportement : cette femme affichant le mépris des honneurs les a accumulés pendant toute sa vie, et jusqu'aux derniers jours ; cette solitaire selon l'image qu'elle a publiée partout, a reçu dans sa maison des journalistes venus de tous les pays ; cette femme qui disait ne pas s'intéresser à l'Académie, a fait sa cour à sa manière auprès de certains académiciens. Et la question suivante reste entière, si l'on veut écarter les explications faciles : pourquoi a-t-elle non seulement accepté mais œuvré pour être élue dans cette Compagnie qu'elle n'aimait ni n'estimait ? Pourquoi avoir voulu faire partie d'un « club » à la vie duquel elle ne voulait pas participer ? Cette question n'est pas le moindre paradoxe de l'entrée de la première femme à l'Académie.

ANNEXE I

Émissions de radio et de télévision entre 1968 et 1981

1968   MINON, Jean-Michel, *Origines et influences*, RTBF [Radiodiffusion-Télévision Belge de la Communauté française], 3 octobre 1968, voir *Entretiens avec des Belges*, Cidmy, 1999, p. 23.

« Les livres de ma vie » par M. Yourcenar, *Bibliothèque de poche* de Michel Polac. 2e partie, Télévision française, Mardi 12 novembre 1968.

RTBF, 29 novembre 1968 : *L'Œuvre au noir*, présentation d'un entretien radiophonique réalisé par Jean-Louis Jacques ; voir *Entretiens avec des Belges*, Cidmy, 1999, p. 59.

1969   *Clio, les livres et l'histoire* : Télévision française. 2e chaîne, 30 janvier 1969. Interview de M. Yourcenar dans le cadre de l'émission de Georgette Elgey et Jean-Marc Leuwen, réalisée par Michel Pamart, à l'occasion de la présentation de *L'Œuvre au noir*, prix Femina, 1968.

1971   ROSBO, Patrick de, *Entretiens radiophoniques avec Marguerite Yourcenar*, dans le cadre de l'émission *Un quart d'heure avec…*, Office de Radio-Télévision Française, France-Culture, 11-16 janvier 1971. Entretiens publiés au Mercure de France en 1972.

JACQUES, Jean-Louis, *Les Phénomènes de l'écriture*, RTBF, 1er mars 1971, voir *Entretiens avec des Belges*, Cidmy, 1999, p. 79.

29 mars, RTBF : interview de M. Yourcenar au cours de l'émission *Actuel*, à l'occasion de sa réception à l'Académie Royale de Langue et de Littérature françaises.

GOOSSENS, Jacques, *Entretien avec Marguerite Yourcenar*, RTBF, 1er décembre 1971, Réalisation Robert Lombaertz, voir *Entretiens avec des Belges*, Cidmy, 1999, p. 107.

1972   GALEY, Matthieu, *Une vie, une œuvre, une voix*, Télévision
        française, 19 et 20 février 1972, Antenne 2. L'interview a été
        réalisée aux États-Unis, en octobre 1971, avec la collaboration
        de Michel Hermant. Il s'agit du premier film consacré à
        M. Yourcenar.

1975   DASNOY, Philippe, *Dans l'île du Mont-Désert chez Marguerite
        Yourcenar*. Documentaire diffusé par la RTBF, le 16 avril
        1975. Contient un entretien avec l'écrivain, réalisé par
        Philippe Dasnoy à la fin de l'été 1974, voir *Entretiens avec
        des Belges*, Cidmy, 1999, p. 135.

        FAUCHER, Françoise, Entretiens avec M. Yourcenar, diffusés
        au cours de l'émission *Femme d'aujourd'hui*, Canada, 27 janvier
        1975, réalisée par Lucille Paradis. F. Faucher a réalisé trois
        entretiens, dont le premier a été publié dans *Portrait d'une
        voix*, Gallimard, 2002, p. 131.

1977   MONTALBETTI, Jean, Interview de M. Yourcenar dans
        le cadre de son émission *Après-midi de France-Culture*, le
        21 novembre, voir *PV, op. cit.*, p. 187.

1978   MONTALBETTI, Jean, MATTHIEU, André, « Biographie :
        Marguerite Yourcenar », France-Culture, *Nuits magnétiques*,
        lundi 20 février.

        MONTALBETTI, Jean, Entretien radiophonique avec
        M. Yourcenar sur RTL, 22 avril.

1979   CHANCEL, Jacques, *Radioscopie – Entretiens radiophoniques
        avec M. Yourcenar*, France-Inter, 11-15 juin 1979.

        PIVOT, Bernard, *Apostrophes*, émission consacrée à
        M. Yourcenar. Télévision française. Antenne 2, 7 décembre.
        Réalisation Nicolas Ribowski, voir *PV, op. cit.*, p. 228.

1980   13 mars. Télévision française, TF1, 22h.10 : *L'Événement*.
        Première interview de M. Yourcenar après son élection à
        l'Académie française.

1981   DUMAY, Maurice, *Marguerite Yourcenar*, film présenté dans le
        cadre de l'émission *Fenêtre sur...*, Télévision française. FR3,
        11 janvier 1981 ; réalisation vidéo Dirk Sanders.

        FAUCHER, Jean [réalisateur], *Propos et Confidences de Marguerite
        Yourcenar*, Télévision canadienne, Production Société

Radio-Canada. Quatre entretiens portant sur « Le paradoxe de l'écrivain », « L'écologie », « La Mythologie des animaux dans le Folklore chrétien » et « La condition féminine ».

Pivot Bernard, *Apostrophes*, émission consacrée à M. Yourcenar qui présente *Mishima ou la vision du vide*. Télévision française. Antenne 2, 16 janvier 1981. Participation de l'académicien Jean d'Ormesson.

ANNEXE II

Distinctions et honneurs reçus par Yourcenar

	Prix littéraires	Académies	Doctorats Honoris causa	Légion d'Honneur	Autres
1929	2ᵉ prix du concours de Critique littéraire pour *Le premier soir*				
1952	*Prix Femina-Vacaresco pour *Mémoires d'Hadrien* *Prix Georges Dupau (Académie Française)				
1955	Prix Page One de la Newspaper Guild of New York				
1958	Prix Renée Vivien				
1961			Smith College (Massachusetts)		
1963	Prix Combat pour *Sous bénéfice d'inventaire* et l'ensemble de l'œuvre				
1968	Prix Femina pour *L'Œuvre au noir*		Bowdoin College (Maine)		
1970		Académie royale de langue et littérature françaises de Belgique			

1971				Chevalier L. d'Honneur	
1972	Grand prix littéraire Prince Pierre de Monaco		Colby College (Maine)		Officier Ordre de Léopold – Belgique
1974	Grand prix national des Lettres			Ordre national du Mérite	
1977	Grand prix de littérature de l'Académie française pour l'ensemble de l'œuvre				
1978					Médaille éditée en son honneur par la Monnaie de Paris
1980		Académie française		Officier L. d'Honneur	
1981			Harvard (Massachusetts)		Grande médaille de Vermeil de la Ville de Paris
1982		Académie des Arts et des Lettres (USA)			
1983	Prix Érasme	Institut Érasme			
1986				Commandeur L. d'Honneur	Médaille d'or du National Arts Club (USA)
1987	1er prix de l'Écrivain européen	Académie des Arts et des Sciences (USA)			

ANNEXE III

Le réseau de Yourcenar

Marguerite Yourcenar a correspondu toute sa vie avec des académiciens (ou futurs académiciens belges et français, et avec des critiques, membres de prix littéraires ou des journalistes ; voici quelques repères.

ACADÉMIE BELGE

Carlo Bronne (Académie en 1948, † 1987) :
  Plusieurs articles sur l'œuvre de Yourcenar (*Le Figaro* du 30/3/71 ; *Le Soir* du 1/4/65 et du 18/2/70)
  1970 : Parrain de Yourcenar à l'Académie royale de langue et littérature françaises de Belgique
  1972 : Membre du jury du Prix Prince Pierre de Monaco
  1983 : Membre du jury du Prix Érasme
  Échange de lettres entre 1968 et 1987
  Bronne à Yourcenar : *Ms Fr* 372 (105) et 372.2 (2114)
  Yourcenar à Bronne : *Ms Fr* 372.2 (4318)

Suzanne Lilar (Académie en 1956, † 1992) :
  Échange de lettres entre 1954 et 1981
  Lilar à Yourcenar : *Ms Fr* 372 (450)
  Yourcenar à Lilar : *Ms Fr* 372.2 (4850) et (3127)[1]

---

1 Certaines parues dans *HZ*, p. 430 ; *L*, p. 183 et 377.

Georges Sion (Académie en 1962, † 2001) :
Nombreux articles sur son œuvre à partir de 1954 (*Le Phare* du 24/1/65, du 30/6/68 et du 12/10/68 ; *Revue générale* d'avril 1980 ; *Le Soir* du 14/7/71, du 15/12/71, du 8/5/74, du 24/12/75, du 21/9/77 et du 10/11/79)
Échange de lettres entre 1954 et 1987
Sion à Yourcenar : *Ms Fr* 372 (705) et 372.2 (3744)
Yourcenar à Sion : *Ms Fr* 372 (1046) et 372.2 (5193)[2]

Marcel Thiry (Académie en 1939, † 1977) :
Lettres de Yourcenar à Thiry entre 1970 et 1972 + une lettre de condoléances à Mme Thiry le 4/10/77 : *Ms Fr* 372.2 (5267) et (5266)

ACADÉMIE FRANÇAISE

Marcel Arland (Académie en 1968, † 1986) :
Une lettre de Yourcenar en 1954 (*HZ*, p. 329), purement professionnelle : il travaille chez Gallimard
1974 : Membre du jury du Grand prix national des lettres

Roger Caillois (Académie en 1971, † 1979) :
Yourcenar le connaît depuis les années 40.
Caillois à Yourcenar de 1971 : *Ms Fr* 372 (125)
Yourcenar à Caillois de 1963 : *HZ III*, p. 335

Jean Cocteau (Académie en 1955, † 1963) :
Yourcenar le connaît depuis les années 30. Quelques lettres de Yourcenar à Cocteau : 372.2 (2266)[3]

Jean Delay (Académie en 1959, † 1987) :
1974 : Membre du jury du Grand prix national des lettres
1980 : Il la soutient pour son élection à l'Académie française

---

2   Certaines parues dans *HZ II*, p. 106 et dans *Georges Sion, lecteur attentif de Yourcenar*, Bulletin Cidmy, 2001, p. 21-40.
3   Voir aussi *HZ*, p. 117.

Correspondance avec lui et son épouse, Madeleine Delay : *Ms Fr* 372.2 (2384) et (2385) ; Bibliothèque Jacques Doucet, DLY d180.

Pierre Emmanuel (Académie en 1968, † 1984) :
Échange de lettres en décembre 1975 et janvier 1976 (affaire Félicien Marceau)
Emmanuel à Yourcenar : *Ms Fr* 372 (252)
Yourcenar à Emmanuel : *Ms Fr* 372.2 (4528)

Maurice Genevoix : (Académie en 1946, † 1980)
1970 : Présent à la réception de M. Yourcenar à l'Académie royale de langue et de littérature françaises de Belgique
1972 : Membre du jury du prix prince Pierre de Monaco

Jean Guéhenno (Académie en 1962, † 1978) :
Plusieurs articles sur son œuvre au moins à partir de 1968 (*Le Figaro* du 11/7/68 et du 7/3/74)
1974 : Membre du jury du Grand prix national des lettres
Échange de lettres entre 1968 et 1978. Il lui propose d'entrer à l'Académie française
Guéhenno à Yourcenar : *Ms Fr* 372.2 (2767)
Yourcenar à Guéhenno : *Ms Fr* 372.2 (4652)[4]

Émile Henriot (Académie en 1945, † 1961) :
1952 : Articles dans *Le Monde* (9 janvier et 28 mai)
Deux lettres de Yourcenar en 1952 et 1953 : *HZ*, p. 116 et p. 153.

Robert Kemp (Académie en 1956, † 1959) :
Trois lettres de Yourcenar entre 1952 et 1956 : *HZ*, p. 172, 432 et 516.

Claude Lévi-Strauss (Académie en 1973, † 2009) :
Lettre de Lévi-Strauss à Yourcenar en réponse à un envoi de livre en 1977 : *Ms Fr* 372 (448)

Jean Mistler (Académie en 1966, † 1988) :
1968 : Article dans *L'Aurore* (« Un chef-d'œuvre », 15 mai), sur *L'Œuvre au noir*

---

4   Deux parues dans *L*, p. 479 et 586.

1971 : Article dans *L'Aurore* (15 juin)
1974 : Article dans *L'Aurore* (15 janvier)
Deux lettres de Yourcenar en 1968 et 1977 ; puis échange de courrier entre 1979 et 1981
Mistler à Yourcenar : *Ms Fr* 372 (552)
Yourcenar à Mistler : *Ms Fr* 372 (986) et 372.2 (4124)

Paul Morand (Académie en 1968, † 1976) :
Yourcenar le connaît depuis les années 30. Échange de lettres entre 1961 et 1973
Morand à Yourcenar : *Ms Fr* 372 (534) et 372.2 (3326)
Yourcenar à Morand : *Ms Fr* 372.2 (4946) et *L*, p. 387.

Jean d'Ormesson (Académie en 1973 - † 2017) :
Échange de lettres entre 1977 et 1980
d'Ormesson à Yourcenar : *Ms Fr* 372 (578) et 372.2 (5008)
Yourcenar à d'Ormesson : *Ms Fr* 372 (1004)[5]

Maurice Schumann (Académie en 1974, † 1998) :
Plusieurs lettres de Schumann et une lettre de Yourcenar entre 1977 et 1980.
Schumann à Yourcenar : *Ms Fr* 372 (690) et 372.2 (3697)
Yourcenar à Schumann : *Ms Fr* 372.2 (5163)

---

5   Certaines parues dans *L*, p. 616, 629 et 634.

CRITIQUES ET JOURNALISTES

Pierre de Boisdeffre : 1963 : Membre du jury du Prix Combat
1972-1978 : Correspondance avec Yourcenar
Plusieurs articles sur l'œuvre de Yourcenar
(*Nouvelles littéraires* du 3/1/63, *Nouvelle Revue des deux Mondes* du 8/8/74 et de janvier-mars 1981, *Paradoxes* du 31/3/80).

Jean Chalon : Plusieurs articles sur l'œuvre de Yourcenar (*Elle* du 6/5/74, *Le Figaro* du 17/6/77, du 26/11/77 – Lettre ouverte à Jean Mistler – et du 19/10/79)

Max-Pol Fouchet : 1944 : Article de Yourcenar dans la revue qu'il a fondée : *Fontaine* (« Présentation de Constantin Kavafis »)
9/1/52 : Article sur Yourcenar dans *Carrefour*
1963 : Membre du jury du Prix Combat
1974 : Membre du jury du Grand prix national des lettres

Matthieu Galey : À partir de 1965 : plusieurs articles sur son œuvre (*L'Express* du 28/8/71, du 29/4 et du 5/5/74 ; *L'Express Magazine* du 12/9/77 ; *Réalités* de juin 1968 et de février 1974)
1972 : Émission de télévision sur Yourcenar (*Antenne 2*, les 19 et 20 février)
1980 : *Les Yeux ouverts*, livre d'entretiens.
Correspondance avec Yourcenar

Robert Kanters : Nombreux articles sur son œuvre à partir de 1963 (*Le Figaro littéraire* du 16/2 et du 31/8/63, du 14/6/68, du 29/12/69, du 4/1/70, du 18/6/71 et du 15/12/73 ; *Revue de Paris*, août-septembre 1968).
1974 : Membre du jury du Grand prix national des lettres

Patrick de Rosbo :   Plusieurs articles sur son œuvre à partir de 1968 (*Le Monde des livres* du 3/1/79 ; *Le Quotidien de Paris* du 25/4/74).
1971 : *Entretiens radiophoniques* (France Culture, 11-16 janvier)
Correspondance avec Yourcenar

Daniel Garcia, dans son ouvrage sur l'Académie, remarque que Dany Laferrière (il n'était pas encore élu au moment de la parution du livre) était « membre du jury du très select prix littéraire Prince Pierre de Monaco, composé pour l'essentiel d'une dizaine d'académiciens français et d'une douzaine d'académiciens Goncourt. Il connaît déjà la maison » (*op. c.*, p. 81). Il soulève également la question de la « concentration de jurys qui distribuent les trophées littéraires » (p. 184) à propos de Danielle Sallenave et Dominique Fernandez. Un coup d'œil même rapide sur le "réseau" de Yourcenar montre que la pratique n'est pas nouvelle. En effet, ce sont ceux qui font partie des jurys qui commentent les ouvrages qui sortent...

ANNEXE IV

Deux documents administratifs

1. Lettre de candidature de Marguerite Yourcenar

Petite Plaisance
Northeast Harbor
Maine 04662
USA

27 novembre 1979

Monsieur le Secrétaire Perpétuel de l'Académie Française,

Monsieur,

Je sais qu'un certain nombre d'académiciens ont bien voulu selon l'usage présenter ma candidature. Si l'élection m'était favorable, j'accepterai (*sic*) avec gratitude l'honneur qui me serait ainsi fait.

Veuillez agréer, Monsieur le Secrétaire Perpétuel, l'expression de ma sincère considération.

Marguerite Yourcenar

2. Notice bio-bibliographique pour le dossier de l'Académie

Née à Bruxelles, Belgique, 8/6/1980 (*sic*[1])
Fille de M. de Crayencour,
et de Fernande de Cartier de Marchienne

Premières années à Lille, rue Marais, 26, et au Mont Noir, par Bailleul.

---

1   Il faut lire, bien sûr, 1903, mais le *lapsus calami* est intéressant puisque 1980 est l'année de son élection à l'Académie française. Une sorte de nouvelle naissance ?

Éducation strictement privée. Adolescence dans le Midi de la France, longs séjours à l'étranger (liste de ses ouvrages à trouver dans *Œuvres* de Marguerite Yourcenar).

Aux États-Unis, entre fin 1939 et 1945. Nationalité américaine en 1947. Établissement à Petite Plaisance dans l'Île des Monts Déserts (Mount Desert Island) en 1950, mais longs séjours à l'étranger. Élection à titre de membre étranger à l'Académie Belge de langue et de littérature françaises en 1971 ; chevalier de la Légion d'Honneur, 1971 ; officier de la Légion d'Honneur, 1980 ; plusieurs doctorats *Honoris Causa* aux États-Unis.

3.   Document bio-bibliographique de complément envoyé en mai 1980 :

Marguerite Yourcenar, née en 1903, à Bruxelles, d'un père français et d'une mère belge (le nom de Yourcenar est l'anagramme d'un vieux nom de famille de la Flandre française) quitta la Belgique presque aussitôt après sa naissance et fut élevée dans le Nord de la France et à Paris.

Marguerite Yourcenar a surtout vécu à l'étranger, en Italie, en Suisse, en Grèce, et plus tard aux États-Unis, où elle enseigna la littérature française à deux reprises (1942-1950, 1952-1953). [suivent deux paragraphes bibliographiques].

Marguerite Yourcenar partage son temps entre des voyages et sa résidence dans l'île des Monts Déserts (Mount Desert Island) sur la côte Est des États-Unis. [tout le reste est bibliographique].

4.   Lettre du 19 juin 1980 à C. de Bosson, *Ms Fr* 372 (857) :

Je m'aperçois que j'ai négligé ou oublié d'indiquer avec précision[2] mes quelques doctorats *Honoris Causa* américains, Smith College, vers 1968, Bowdoin College, en 1969, je crois ; Colby College vers 1972, si je ne me trompe, et celle des décorations. Légion d'Honneur : chevalier en 1971 ; officier, cette année ; Ordre du Mérite, officier, vers 1974 ou 1975 ; Ordre de Léopold (Belgique) officier, vers la même époque. Resterait, si elle importe, une liste de prix : Prix Femina-Vacaresco, pour *Mémoires d'Hadrien*, 1952, si je ne fais pas erreur, Prix Femina pour *L'Œuvre au noir*, en 1968 ; Prix Combat, Prix de Monaco, Prix de

---

2   C'est nous qui soulignons.

la Culture, et finalement Grand prix de l'Académie elle-même. Mais tout cela devrait-il figurer dans l'annuaire ?

Elle s'y est donc reprise à trois fois pour donner des informations un peu en désordre, et pas vraiment précises.

ANNEXE V

Liste des académiciens au moment
de l'élection de Yourcenar

Ils sont classés par ordre d'élection : à gauche date de leur entrée à l'Académie ; à droite entre parenthèses, numéro du fauteuil.

1936 :   Jacques de Lacretelle (39)
1944 :   Louis de Broglie (1) [absent le jour de l'élection]
1946 :   Maurice Genevoix (34)
1953 :   Pierre Gaxotte (36)
1953 :   Antoine Lévis de Mirepoix (16)
1956 :   André Chamson (15)
1959 :   Henri Troyat (28)
1959 :   Jean Delay (17)
1960 :   René Huyghe (5)
1960 :   René Clair (19)
1961 :   Jean Guitton (10)
1964 :   Thierry Maulnier (20)
1964 :   Marcel Brion (33)
1966 :   Louis Leprince-Ringuet (35)
1966 :   Jean Mistler (14)
1966 :   Maurice Druon (30)
1968 :   Pierre Emmanuel (4) [absent le jour de l'élection]
1968 :   Marcel Arland (26)
1970 :   Eugène Ionesco (6)
1971 :   Julien Green (22)
1971 :   Étienne Wolff (24)
1972 :   René de Castries (2)
1972 :   Jean-Jacques Gautier (38)
1973 :   Claude Lévi-Strauss (29)
1973 :   André Roussin (7)

1973 :   Jean d'Ormesson (12)
1974 :   Maurice Schumann (13)
1975 :   Jean Bernard (25)
1975 :   Robert Ambroise Marie Carré (37)
1975 :   Félicien Marceau (21)
1976 :   Maurice Rheims (32)
1977 :   Alain Peyrefitte (11)
1978 :   Michel Déon (8)
1978 :   Edgard Faure (18)
1978 :   Georges Dumézil (40)
1978 :   Jean Dutourd (31)
1979 :   Henri Gouhier (23)
1979 :   Alain Decaux (9)

ANNEXE VI

Les titulaires du fauteuil n° 3

Lors de son discours de réception à l'Académie royale de langue et de littérature françaises de Belgique, Sylvie Germain, qui succédait à Dominique Rolin, au fauteuil auparavant occupé par Marguerite Yourcenar, a dit : « Chaque fauteuil est un livre aux chapitres composés de noms, de voix, de vies, scandés de temps de vacance, et bruissant de mémoire ». Voici pourquoi le lecteur trouvera ci-dessous quelques informations sur les occupants du fauteuil 3[1] :

1) 1634-1653 : **Jacques DE SERISAY**, premier directeur de l'Académie ; il a laissé quelques poésies.

2) 1654-1697 : **Paul-Philippe DE CHAUMONT**, ancien évêque d'Ax ; lecteur du roi. Prédicateur et écrivain religieux.

3) 1697-1707 : **Louis COUSIN**, Président de la cour des Monnaies, censeur royal. Historien-traducteur.

4) 1707-1719 : **Jacques Louis DE VALON marquis de Mimeure**, poète et traducteur.

5) 1719-1744 : **Nicolas GEDOYN**, homme d'Église ; il a laissé des traductions.

---

1   Source : site de l'Académie française. Il faut noter que l'ouvrage de Mesnard sur l'Académie française (1857), ainsi que celui de Barthélémy (1886) donnent une autre liste d'académiciens pour ce fauteuil entre 1634 et la Révolution : Chapelain, Benserade, Pavillon, de Sillery, duc de la Force, Mirabaud, Watelet, Sedaine. Entre 1803 et 1830, Mesnard cite Collin d'Harleville, Daru et Lamartine ; tandis que Barthélémy (qui va jusqu'en 1885) indique de Vaines, Parny, de Jouy, Empis, Barbier et Mgr Perraud. Dès 1935 (*Trois siècles de l'Académie française par les Quarante*, Firmin-Didot, 1935) la liste est la même qu'aujourd'hui. Nous n'avons pu obtenir de réponse au sujet de ce changement auprès de l'Institut.

6) 1744-1794 : François-Joachim DE PIERRE DE BERNIS, abbé, protégé de Mme de Pompadour, ambassadeur à Venise en 1752, ministre d'État en 1757. Membre honoraire de l'Académie de Marseille. Il écrivit des poésies légères.

Le fauteuil reste vacant entre 1794 et 1803

7) 1803-1822 : Roch-Ambroise CUCURRON-SICARD, célèbre instituteur des sourds-muets ; grammairien et journaliste.

8) 1822-1841 : Denis-Luc FRAYSSINOUS, écrivain chrétien, aumônier et prédicateur du roi ; précepteur du duc de Bordeaux, il l'accompagna en exil et revint en France en 1838.

9) 1842-1862 : Étienne-Denis PASQUIER, emprisonné sous la Terreur ; baron de l'Empire en 1809, conseiller d'État, préfet de Police en 1811, directeur des Ponts et Chaussées en 1814, député et président de la Chambre en 1816, garde des Sceaux en 1817, ministre des Affaires étrangères en 1819, président du Conseil en 1820, pair de France en 1821, il fut créé duc en 1844. Orateur politique.

10) 1863-1881 : Jules-Armand DUFAURE, avocat, homme politique. Député de 1834 à 1851, ministre des Travaux publics sous Louis-Philippe, ministre de l'Intérieur. Il fut surtout un orateur parlementaire.

11) 1881-1899 : Victor CHERBULIEZ, d'une famille française réfugiée en Suisse lors de la révocation de l'Édit de Nantes, naturalisé français en 1880. Romancier, critique littéraire, publiciste, il collabora à la *Revue des Deux Mondes*.

12) 1900-1916 : Émile FAGUET, professeur de poésie française à la Faculté des lettres, collaborateur de la *Revue des Deux Mondes*, Membre de la Commission pour la réforme de l'orthographe. Nombreuses œuvres de critique littéraire. « À la fondation de l'Académie Goncourt, en 1903, il avait écrit une lettre ouverte aux nouveaux académiciens pour leur conseiller de ne pas écarter les femmes de leur compagnie et donc, de ne pas suivre l'exemple de l'Académie française » (*Points de Vue* du 14/3/80).

Le fauteuil reste vacant entre 1916 et 1918

13) 1918-1929 : **Georges CLEMENCEAU**, homme politique ; Ministre ; Président du conseil. Principal négociateur du Traité de Versailles, il se présenta en janvier 1920 à la présidence de la République. Son échec marqua son retrait définitif de la vie politique. Il ne vint jamais siéger sous la coupole, où il redoutait — disait-on — d'être reçu par son ennemi intime, Raymond Poincaré.

14) 1930-1955 : **André CHAUMEIX**, École française de Rome, rédacteur en chef au *Journal des Débats*. Il collabora à *La Revue de Paris*, au *Figaro*, à *La Revue des deux Mondes*.

15) 1955-1970 : **Jérôme CARCOPINO**, professeur d'histoire romaine à la Sorbonne, directeur de l'École de Rome en 1937. Directeur de l'École normale supérieure de 1940 à 1942, et recteur de l'Académie de Paris. Secrétaire d'état à l'Éducation nationale dans le gouvernement Pétain-Darlan en 1941, il démissionna de son poste dès le retour de Laval au pouvoir, en avril 1942. Grand historien de la Rome antique, il a publié de nombreux ouvrages.

16) 1971-1978 : **Roger CAILLOIS**, auteur d'essais, il a fondé en 1938 avec Georges Bataille, le collège de Sociologie. Il soutint outre-Atlantique le combat contre le nazisme en fondant la revue *Lettres françaises* en 1941, et l'Institut français de Buenos-Aires. Entré à l'Unesco en 1948, en 1952 il fonda *Diogène*, revue financée par l'Unesco, qu'il dirigea jusqu'à sa mort avec l'aide de Jean d'Ormesson.

17) 1980-1987 : **Marguerite YOURCENAR**

18) 1989- : **Jean-Denis BREDIN**, professeur à la Faculté de droit de Rennes, puis de Lille, et à Paris I où il enseigne jusqu'en 1993. En 1968, il travaille avec Edgar Faure à la réforme de l'enseignement supérieur. En 1981, vice-président de la Commission d'orientation et de réflexion sur l'audiovisuel, président du conseil d'administration de la Bibliothèque nationale, de 1982 à 1986.

ANNEXE VII

Les femmes à l'Académie

Puisqu'il est question de femmes, il est bien tentant, et les auteurs d'études sur l'Académie française ne s'en sont pas privés[1], de regarder la définition du mot « femme » dans le Dictionnaire de l'Académie. Il faut reconnaître que la définition de la première édition (1694), est remarquable : « La femelle de l'homme ». L'édition de 1835 (6ᵉ édition), complète la précédente : « La femelle, la compagne de l'homme » (conservée dans la 7ᵉ édition de 1878) La révolution est passée par là, peut-être… La définition se précise en 1935 (8ᵉ édition) : « Être humain de sexe féminin, la compagne de l'homme ». Nouvelles précisions en 2000 avec la 9ᵉ et pour le moment dernière édition : « Être humain défini par ses caractères sexuels, qui lui permettent de concevoir et de mettre au monde des enfants ». René de Castries, qui écrivait en 1985 et n'avait pas à sa disposition la neuvième édition, voyait ainsi l'avenir : il pensait que les académiciens de la fin du XXᵉ siècle feraient mieux qu'en 1935 et définiraient ainsi la femme : « L'égale de l'homme sinon sa supérieure », pour conclure : « et rien ne s'opposera plus à l'admission des femmes à l'Académie[2] ».

Un peu de curiosité nous pousse à regarder la définition du mot « homme ». La première définition est celle de l'espèce humaine. En second : « homme se dit spécialement du sexe masculin » (1ʳᵉ édition, 1694 ; même définition dans la 8ᵉ édition de 1835). La dernière édition précise : « être humain mâle considéré en fonction de son sexe et par opposition à la femme ». Le mot « opposition », dans les années 2000, laisse songeur.

Mais pour ce qui concerne l'espèce humaine, nous sommes un peu rassurés : 1694 : « Animal raisonnable. En ce sens, il comprend toute l'espèce humaine et se dit de tous les deux sexes ». 1835 : « Animal

---

1   Notamment D. Garcia, *op. cit.*, p. 160 et le duc de Castries, *op. cit.*, p. 93.
2   *Op. cit.*, p. 93.

raisonnable. Être formé d'un corps et d'une âme. Dans ce sens, il se dit en parlant de l'un et de l'autre sexe, et on l'emploie au singulier pour désigner l'espèce humaine en général ».

Ouf ! les femmes sont raisonnables et ont une âme ! On se demande ce qui pouvait bien les empêcher d'entrer à l'Académie ! Mais les académiciens sont beaucoup plus prudents dans la dernière édition puisqu'ils se contentent de dire : « Être humain de l'un ou l'autre sexe. Pour désigner l'espèce humaine en général ».

* De nombreuses femmes ont été citées comme pouvant ou devant faire partie de l'Académie française :

*Jules Simonnet cite (1863) : Mlle de Scudéry, Mme de Sévigné, Mme de Lafayette, Mme de Motteville, Mme de Tencin, Mme de Staël, Mme de Girardin, Amable Testu.

*George Sand évoque (1863) : Mmes de Genlis, de Souza, Cottin, Reybaud, Colet, Valmore, Delphine Gay.

*Lacour quant à lui cite (1865) : Mmes Villedieu, Déshoulières, d'Aulnoy, Dacier, Barbier, du Châtelet, Graffigny, de Lespinasse, Riccoboni, Rolland, Staal-de-Launay, du Boccage, Sand.

Les trois noms qui reviennent le plus souvent sont ceux de Mme de Staël, George Sand et Colette.

* Les femmes et les prix littéraires de l'Académie.

Si l'Académie a refusé longtemps les femmes parmi ses membres, elle leur a accordé depuis longtemps des prix littéraires. Le premier prix accordé par l'Académie fut institué au XVIIᵉ siècle par Guez de Balzac, et Mlle de Scudéry fut la première à être récompensée en 1671[3]. Un nouveau prix fut fondé en 1780 « pour un ouvrage de littérature dont il pourrait résulter le plus grand bien pour la société », et Mlle d'Épinay en fut la première lauréate en 1773[4].

* Les femmes élues depuis 1980
1. Marguerite Yourcenar, 1980, † 1987 (fauteuil 3 : Roger Caillois)
2. Jacqueline de Romilly, 1988, † 2010 (fauteuil 7 : André Roussin)
3. Hélène Carrère d'Encausse, 1990 (fauteuil 14 : Jean Mistler)

---

3   D. Garcia, *op. cit.*, p. 174.
4   D. Garcia, *op. cit.*, p. 186.

4. Florence Delay, 2000 (fauteuil 10 : Jean Guitton)
5. Assia Djebar, 2005, † 2015 (fauteuil 5 : Georges Vedel)
6. Simone Veil, 2008, † 2017 (fauteuil 13 : Pierre Messmer)
7. Danielle Sallenave, 2011 (fauteuil 30 : Maurice Druon)
8. Dominique Bona, 2013 (fauteuil 33 : Michel Mohrt)
9. Barbara Cassin, 2018 (fauteuil 36 : Philippe Beaussant)

* Les candidatures malheureuses[5]
Deux candidatures au XIXe siècle :
1874 : Marie Lafon, qui se présente aux fauteuils 2, 23 et 27.
1893 : Pauline Savari au fauteuil 29.

Années 50 :
1952 : Gilberte Vezin, au fauteuil 18.
1954 : Clara Helsey, au fauteuil 31.

Années 70 :
1971 : Françoise Parturier au fauteuil 3 (qu'obtiendra Roger Caillois)
1975 : Janine Charrat et Louise Weiss au fauteuil 25. Louise Weiss se
    présente aussi au fauteuil 37[6]
1976 : Chantal Dupille au fauteuil 32
1977 : Renée Seille-Aubac au fauteuil 11
1978 et 1979 : Marie-Madeleine Martin (en 78 au fauteuil 40, en 1979
    au fauteuil 23)

Années 80, outre la candidature de Yourcenar :
1982 : Katia Granoff au fauteuil 19
1983 : Marie-Madeleine Martin, Raymonde Lefèvre et Edmée de la
    Rochefoucauld au fauteuil 16
1986 : Jacqueline de Romilly au fauteuil 15 (elle a obtenu 13 voix sur 30[7])
1988 : Victoria Savila au fauteuil 40 (la même année, J. de Romilly
    obtient le fauteuil 7)

---

5 Source depuis 2000 : site de l'Académie française. Avant 2000, informations glanées
   dans divers articles sur le sujet et dans les archives de l'Académie.
6 Les lettres de candidature de G. Vezin, F. Parturier et L. Weiss ont été publiées dans Christophe
   Carlier, *Lettres à l'Académie française*, Paris, éd. des Arènes, 2010, p. 186 ; 211 et 218.
7 Source : Mme Hélène Carrère d'Encausse, Secrétaire perpétuel de l'Académie, message
   du 9 juin 2016.

Aucune candidature dans les années 90, après l'élection d'H. Carrère d'Encausse en 1990.

À partir de l'élection de Florence Delay, en 2000, il y a un peu plus de femmes élues (6 en 18 ans contre 3 en 20 ans), *et un plus grand nombre de candidatures :*
2001 : Frédérique Hébrard au fauteuil 20.
2002 : Christina Orcyanac au fauteuil 34
2004 : Paule Constant au fauteuil 32 et Dominique Bona au fauteuil 5.
2007 : Danièle Sallenave au fauteuil 39 (elle sera élue en 2011)
2008 : Dominique Bona au fauteuil 32 (la persévérance lui sera payante puisqu'elle sera finalement élue en 2013)
2009 : Catherine Hermary-Vieille au fauteuil 32
2011 : Violaine Vanoyeke au fauteuil 30
2012 : Florence Brillet au fauteuil 31 et Isaline Rémy au fauteuil 40
2013 : Isaline Rémy, Sylvie Germain, Linda Bastide et Fédérica Calmettes au fauteuil 40, Catherine Clément au fauteuil 2
2017 : Isaline Rémy, au fauteuil 37
2018 : Isaline Rémy aux fauteuils 8, 9 et 36, Carolina Steiner au fauteuil 9, Marie de Hennezel au fauteuil 36

Il est difficile de se faire une idée précise du nombre de candidatures, mais il y a eu une trentaine de nouveaux académiciens élus depuis 2001, dont 5 femmes. Si on tient compte des élections blanches, assez nombreuses, et des candidats qui se présentent plusieurs fois[8], on compte environ 250 candidatures dont une vingtaine de femmes. 5 élues sur 20 candidates, cela fait 25 %, c'est un beau score ; 5 élues sur 30 nouveaux académiciens, c'est déjà moins bien ; mais guère plus de 20 candidates sur environ 250 candidatures, cela fait moins de 10 % et il y a de quoi s'interroger !

François Bégaudeau pense qu'à partir de 2010[9] « la plupart des écrivaines sollicitées pour combler le vide [...] firent savoir qu'elles n'étaient

---

8   Élections qui n'ont pas permis l'élection d'un candidat. Pour certains fauteuils il a fallu deux ou trois élections blanches avant qu'un nouveau membre soit désigné. Plusieurs candidats se sont présentés une dizaine de fois entre 2001 et 2015.

9   Ce qui est un peu inexact puisque puisque 5 femmes sur 19 candidats se sont présentées en 2013, et 5 femmes sur 16 candidats en 2018. Ce sont des années record. Mais il est vrai qu'en général les candidatures féminines sont plutôt rares.

pas intéressées. [...] Devenir les idiotes utiles de l'Académisme n'était pas l'objectif prioritaire des femmes nées après 1960[10] ». Faut-il le croire ?

Les femmes du début du XXIe siècle ont-elles, comme George Sand, mieux à faire qu'à briguer l'Académie ? Pensent-elles qu'elles n'ont aucune chance, pratiquant ainsi une sorte d'auto-censure ? Pensent-elles qu'elles ne sont pas assez performantes, pas à la hauteur pour se présenter ? L'avenir répondra à ces questions, mais pour le moment, nous sommes loin de la « téméraire accélération de l'histoire » dont parlait Alain Peyrefitte en 1991 dans son discours de remise de l'épée à Hélène Carrère d'Encausse : « Pensez donc : *dix ans* seulement après l'élection de notre première consœur, qui avait attendu trois cent quarante-quatre ans, et *deux* ans seulement après l'élection de la deuxième ! Quelle téméraire accélération de l'histoire[11]... »

---

10 F. Bégaudeau, *op. cit.*, p. 89-91.
11 Source : site de l'Académie française.

ANNEXE VIII

Statuts de l'Académie française (1816)

Statuts de l'Académie française délibérés dans sa séance ordinaire du 21 juin 1816. Source : site de l'Académie française

ARTICLE PREMIER L'Académie française sera composée de quarante membres ; elle aura trois officiers : un directeur ; un chancelier ; et un secrétaire, qui en sera en même temps trésorier. Le directeur et le chancelier seront élus pour trois mois à la pluralité absolue des suffrages. Le secrétaire sera perpétuel.

ART. 2 Le directeur présidera l'Académie dans les séances publiques et particulières, ainsi que dans toutes les occasions où elle sera admise en corps, ou par députation, près du Roi ou des princes de sa Maison. Dans ces occasions, il portera la parole au nom de la Compagnie. Le chancelier remplacera le directeur dans toutes ses fonctions, lorsque quelque circonstance ne permettra pas à celui-ci de les remplir. En l'absence du chancelier, les fonctions de directeur passeront au doyen de réception, et à défaut de celui-ci, au secrétaire.

ART. 3 La commission chargée de la régie des fonds de propriétés de l'Académie, d'après l'ordonnance du Roi du 21 mars 1816, sera composée du secrétaire perpétuel trésorier, qui en sera le président, et de deux membres nommés au scrutin à la pluralité absolue. Ces deux membres seront renommés chaque année ; ils pourront être réélus.

ART. 4 Le secrétaire perpétuel aura la garde des registres, des titres et pièces officielles de l'Académie, des discours et pièces de poésie qu'elle recevra pour le concours de ses prix. Il sera chargé de toutes les dispositions nécessaires pour régler la police intérieure et la distribution des places dans la salle des assemblées publiques, lorsque l'Académie en aura une à tenir.

ART. 5 L'Académie aura chaque semaine deux séances pour ses travaux ordinaires, l'une le mardi et l'autre le jeudi, et lorsqu'un de ces jours tombera sur un jour de fête solennelle, la séance sera tenue la veille ou le lendemain de la fête. Chaque séance se tiendra depuis deux heures et demie jusqu'à quatre heures et demie. À deux heures et demie précises, le secrétaire lira les noms de tous les académiciens présents et fermera la liste. Ceux qui arriveront après cette opération, ainsi que ceux qui se retireront, sans raison valable, avant la fin de la séance, n'auront point de part aux droits de présence.

ART. 6 L'institution de l'Académie française ayant pour objet de travailler à épurer et à fixer la langue, à en éclaircir les difficultés et à en maintenir le caractère et les principes, elle s'occupera dans ses séances particulières de tout ce qui peut concourir à ce but ; des discussions sur tout ce qui tient à la grammaire, à la rhétorique, à la poétique, des observations critiques sur les beautés et les défauts de nos écrivains, à l'effet de préparer des éditions de nos auteurs classiques, et particulièrement la composition d'un nouveau dictionnaire de la langue, seront l'objet de ses travaux habituels. Le directeur consultera la Compagnie sur l'ordre qu'il conviendra d'y mettre. Aucune proposition étrangère à ces travaux ne pourra, si elle est de quelque importance, être prise en considération que dans une assemblée qui aura été convoquée spécialement pour en délibérer. Le directeur ou celui qui le remplace est chargé de faire observer le bon ordre dans les séances et d'y maintenir l'exécution des règlements.

ART. 7 Outre les séances particulières, l'Académie tiendra annuellement, le 25 août, une séance publique. Elle tiendra aussi des séances publiques pour la réception des nouveaux membres qu'elle aura élus et dont le choix aura été approuvé par Sa Majesté.

ART. 8 L'Académie décernera, chaque année, un prix de la valeur de 1 500 francs, qui sera proposé alternativement pour un discours en prose et pour une pièce de poésie. Les sujets seront proposés au concours et annoncés publiquement par la voie des journaux. Elle délibérera la forme et la condition du concours. Elle pourra donner le prix à un seul ouvrage, le partager entre plusieurs, si elle le juge convenable, ou le remettre à un autre concours. Le jugement de l'Académie sera annoncé, et le prix décerné à l'auteur couronné dans la séance publique du 25 août.

ART. 9 Dans les assemblées publiques que tiendra l'Académie, il y aura des places particulières réservées à ses membres, il y en aura d'autres réservées aux membres des trois autres Académies, qui s'y placeront indistinctement.

ART. 10 L'Académie se conformera à ses anciens usages pour la célébration de la fête de la Saint-Louis.

ART. 11 On ne pourra lire dans les assemblées publiques aucun écrit, soit en vers, soit en prose, qui n'ait été auparavant examiné et approuvé par les trois officiers du bureau, auxquels seront adjoints deux académiciens tirés au sort.

ART. 12 Les trois officiers composant le bureau forment une commission permanente pour tous les objets de discussion qui demandent un examen particulier, mais qui ne concernent que les travaux ordinaires de l'Académie. Si un objet particulier, paraissait demander un examen extraordinaire, l'Académie pourra nommer deux de ses membres pour être adjoints aux officiers du bureau qui sont de droit membres de toutes les commissions, hors de celle qui est établie par l'article 3. Une commission ne pourra s'occuper que de l'objet spécial pour lequel elle aura été formée ; elle sera tenue de faire son rapport dans le plus bref délai. L'Académie veillera à ce qu'aucune discussion inutile ne la détourne de ses travaux, qui sont le but essentiel de son institution.

ART. 13 Les élections se formeront au scrutin par billets. Le directeur et le chancelier seront élus à la pluralité absolue des voix dans une assemblée de quinze membres au moins. Le directeur ne pourra être réélu qu'un an après le trimestre fixé pour l'exercice de ses fonctions. Le chancelier ne pourra être ni réélu à la même place, ni élu à la place de directeur qu'après six mois révolus. Le secrétaire ne pourra être élu que dans une assemblée convoquée à cet effet et qui sera composée au moins de vingt membres. Son élection sera soumise à l'approbation du Roi.

ART. 14 Lorsqu'une place viendra à vaquer par la mort d'un académicien, la notification en sera faite dans la plus prochaine séance et sera inscrite sur le registre. On ne pourra faire la nomination d'un nouveau membre qu'après un mois écoulé entre le jour de la notification et celui de l'élection, et l'on n'y procédera que dans une assemblée convoquée à cet effet et composée de vingt académiciens au moins. Si à la séance convoquée il ne se trouve pas vingt membres présents, on renverra à huit jours l'élection, qui pourra être faite alors par dix-huit membres présents. S'il ne se trouve pas dix-huit académiciens à cette seconde séance, la nomination sera remise à un autre jour, qui sera fixé par le directeur.

ART. 15 La réputation de l'Académie dépendant principalement de son attention à bien remplir les places vacantes, elle n'aura nul égard aux brigues et aux sollicitations de quelque nature qu'elles soient, et tout académicien conservera son suffrage libre jusqu'au moment de l'élection, pour ne le donner alors qu'au sujet qu'il en croira le plus digne. Les prétendants aux places vacantes seront invités à se dispenser de faire aucune visite aux académiciens pour solliciter leurs suffrages. Il suffira qu'ils fassent connaître leur vœu, soit en le communiquant de vive voix ou par écrit à un des membres, soit en se faisant inscrire au secrétariat.

ART. 16 Avant de procéder au scrutin pour l'élection d'un nouveau membre, le secrétaire lira, à haute voix, la liste des candidats qui se seront présentés dans les formes prescrites ; et les académiciens ne pourront donner leurs suffrages qu'à ceux qui seront inscrits sur cette liste. Il fera ensuite lecture des articles du présent règlement qui concernent les élections ; après quoi, le directeur demandera à chacun des académiciens présents s'il n'a pas engagé sa voix, et, si quelqu'un l'avait engagée, il ne serait pas admis à voter.

ART. 17 Lorsque l'élection d'un nouvel académicien sera terminée suivant les formes ci-dessus énoncées, il en sera rendu compte au Roi immédiatement par le directeur ou le chancelier et, à leur défaut, par tel autre membre que l'Académie aura nommé, et si l'approbation et le consentement de Sa Majesté ne confirment pas l'élection, l'Académie procédera de suite à une élection nouvelle, toujours dans la même forme, pour présenter au Roi un autre sujet.

ART. 18 Le membre élu par l'Académie, et agréé par le Roi, ne pourra prendre séance à l'Académie que dans une assemblée publique convoquée à cet effet. Il y prononcera un discours où il fera l'éloge de l'académicien auquel il succède, et traitera quelque sujet de littérature. Le directeur du trimestre où la vacance aura été notifiée répondra au récipiendaire et présidera l'assemblée ; à son défaut, le chancelier, et à défaut de celui-ci, un autre académicien, sera chargé de remplir cette fonction.

Certifié conforme pour être annexé à l'ordonnance du 10 juillet 1816.
Le Ministre secrétaire d'État de l'intérieur,
Signé : LAINÉ.

ANNEXE IX

Correspondance Jean d'Ormesson / Marguerite Yourcenar

Certaines lettres de M. Yourcenar ont été publiées dans *Lettres à ses amis et quelques autres*, Gallimard, 1995 (*L*). Les autres lettres sont inédites et proviennent du fonds Marguerite Yourcenar de la Houghton Library, Harvard. Nous remercions les éditions Gallimard et les ayant-droit de Yourcenar et de Jean d'Ormesson d'avoir autorisé ici la publication suivie de ces lettres.

LETTRE 1
De J. d'Ormesson à M. Yourcenar,
du 12 octobre 1977

Nous n'avons pas trouvé cette lettre à laquelle Yourcenar répond le 24/10/77.

LETTRE 2
De M. Yourcenar à J. d'Ormesson,
du 24 octobre 1977[1]

Petite Plaisance[2]
Northeast Harbor
Maine 04662 USA

À Monsieur Jean d'Ormesson   24 octobre 1977[3]

Cher Monsieur,

Je suis si touchée du zèle (je ne trouve pas d'autre mot après lecture de votre lettre du 12 octobre et aussi de certaines coupures de journaux) que vous voulez bien mettre à préparer pour moi une place à l'Académie que je crois devoir vous répondre longuement sur le sujet.

Tout d'abord, je suis loin de penser, comme vous supposez que je le fais peut-être, « que l'Académie est une perte de temps et ne signifie plus rien ». Bien au contraire, j'ai trop le sentiment de ce qui nous relie au passé pour ne pas admirer une institution vieille de plus de trois siècles et à laquelle ont appartenu ou désiré appartenir presque tous les grands écrivains français. Les lacunes, les faiblesses qu'on a de tout temps imputées à l'Académie, l'inévitable disparité d'opinions et de valeur entre ses membres, me paraissent faire d'elle l'image même du monde où se rencontrent les mêmes contrastes et les mêmes imperfections. Et ce mélange même, ces personnes si diverses formant une « compagnie » où l'aménité règne (en principe du moins), et mettant de côté leurs différences pour s'occuper de langue et de littérature, me semble spécifiquement et assez admirablement français, symbole de cette notion d'urbanité

---

1   Harvard, Houghton Library, fonds M. Yourcenar, *Ms Fr* 372.2 (5008). © Succession Marguerite Yourcenar.

2   En haut à droite de l'adresse, à la main : « Académie française / d'Ormesson, J. / Answer to his inquiry / about M.Y's willingness / to become a member of French / Academy, if invited ».

3   À la main en dessous de la date et entre parenthèses : « répond à la lettre du 12 octobre 1977 ».

que nous plaçons si haut. Edmond Jaloux me disait jadis (il exagérait d'ailleurs) : « On n'est poli qu'en France ».

Ces réflexions un peu longues suffisent à vous prouver que je considérerais comme un honneur d'appartenir à l'Académie. Vous signalez, parmi les difficultés d'un tel choix, le fait de ma résidence à l'étranger. J'y reviendrai. Mais, tout de suite, pour ne pas vous laisser engagés un moment de plus, vous-même et ceux de vos collègues qui veulent bien penser à moi, dans une entreprise à laquelle il faudrait renoncer, permettez-moi d'indiquer tout de suite une difficulté qui vient de moi. Je n'ai pas l'intention de poser ma candidature, d'abord parce que jusqu'ici je n'ai jamais rien fait de tel (l'Académie belge, dont je suis membre à titre étranger, ayant pour usage d'élire ses membres sans démarche préalable de leur part, après s'être informée si oui ou non cet honneur sera accepté avec gratitude, comme il doit l'être). Ensuite, je l'avoue, même du temps où ni mon nom, ni mon sexe, n'était en question, j'ai toujours, à tort ou à raison, trouvé regrettables ces démarches entourées de tant de rumeurs, parfois d'intrigues, ou (pour employer le vocabulaire du XVIIe siècle, à sa place ici) ou cabales. Dans mon cas, le fait qu'il s'agit d'une femme ajouterait encore à ce petit grand bruit.

Je crois savoir que jusqu'ici votre compagnie n'a contrevenu qu'une fois à ses usages en accueillant un de ses membres sans qu'il ait fait acte de candidature. Je ne puis, évidemment, supposer, ni encore moins paraître demander, recevoir de l'Académie ce surcroît d'honneurs. Et je comprends fort bien que du fait de cette décision de ma part la prise de contact puisse, et peut-être doive, s'arrêter là.

Je dois pourtant revenir sur une des difficultés que vous signalez : ma résidence à l'étranger. À moins d'événements imprévus, je n'ai pas l'intention de quitter l'endroit où je me trouve, – sauf, bien entendu, pour de plus ou moins longs séjours (environ quelques mois) en Europe ou ailleurs, comportant presque toujours quelques semaines à Paris. Dans ces dernières années, le travail littéraire, et aussi quelques circonstances d'ordre privé, par exemple une maladie grave dans mon entourage immédiat, ont rendu ces absences plus rares et surtout m'ont empêchée d'en fixer la date longtemps à l'avance. Dans ces conditions (et cela d'autant plus que j'évite les courts déplacements, qui interrompent le travail de l'écrivain, et que, pour des raisons de santé, je ne prends pas l'avion), je ne serai jamais, si par hasard le choix de l'Académie tombait sur moi, cet habitué du jeudi qu'en principe tout membre de votre compagnie doit être, puisqu'il s'agit de travaux à faire et de décisions à prendre en commun. Vous auriez trop souvent parmi vous un fauteuil occupé, avant la lettre, par un fantôme, ce qui n'est sans doute ni désirable, ni acceptable.

Enfin, depuis déjà de longues années, mon passeport français repose dans un tiroir, supplanté par le passeport américain qui lui a succédé. Toutefois, on m'a, il y a déjà longtemps, assurée qu'aux termes de présents accords internationaux, je pourrais me réclamer d'une nationalité double. Ce serait à voir de plus près, et comme la question en elle-même m'intéresse, je me propose de reprendre le sujet avec mon conseil français. Mais il semble y avoir là, de prime abord, une difficulté s'ajoutant aux autres.

Excusez cette longue et somme toute peu encourageante missive. Quant à moi, l'essentiel de ce qu'une élection à l'Académie me donnerait est obtenu : l'assurance que quelques personnes dont l'estime m'est infiniment précieuse se sont intéressées à ce projet. Votre chaleureuse sympathie est un don que je n'oublierai pas. Veuillez voir dans cette lettre, où j'ai essayé, en toute franchise, de cerner la question sous tous ses aspects, une preuve de confiance en même temps que de très sincère gratitude.

LETTRE 3
De M. Yourcenar à J. d'Ormesson,
du 7 février 1979[4]

Cher Monsieur[5],   7 février 1979

La radio et la télévision françaises, bien entendu, ne m'atteignent pas ici, mais des amis m'ont fait parvenir des échos de votre émission concernant les <u>Nouvelles Orientales</u> et ont été ravis par la façon dont le vieux conte de Wang-Fô avait été re-conté par vous.

Tant de chaleur[6], de sympathie semble fondre les étendues de neige qui en ce moment nous séparent.

Bien sympathiquement à vous,
Marguerite Yourcenar

---

4   Harvard, Houghton Library, fonds M. Yourcenar, *Ms Fr* 372.2 (5008). © Succession Marguerite Yourcenar. Brouillon d'une lettre, manuscrit. En haut, à gauche : Nouvelles Orientales. / En haut à droite : «Ormesson, Jean d' / Feb 1979 / Oral narration on / France Culture (? Radio / ORTF ?) / of <u>Comment Wang-Fô fut</u> / <u>sauvé</u>». Entre ces deux mentions, au milieu, au-dessus de la lettre : « MS note of thanks on / Chinese silk screen painting notefold / made by Ellen Kimbell / (one page, inside fold and outer verso)». L'écriture es difficile à déchiffrer.
5   À gauche : «p. 1, entire inside of fold »
6   À gauche : «p. 2 verso of fold ».

LETTRE 4
De J. d'Ormesson à M. Yourcenar,
du 20 février[7] 1979

Le 20 février 1979[8]

Madame Marguerite Yourcenar
Petite plaisance
Northeast Harbor (Maine)
États-Unis

Madame,
Je vous suis bien reconnaissant de votre lettre et de votre signe d'amitié.
J'ai bien imparfaitement témoigné de mon admiration pour ce que
vous écrivez.

J'ai reçu plusieurs lettres à la suite de l'émission notamment une
lettre très intéressante d'une correspondante qui m'envoyait deux textes
de vous assez longs que vous avez écrits pour remercier une personne
qui avait effectué un travail critique[9] sur L'Œuvre au noir.

L'Académie ne me ferait guère plaisir si je m'y intéressais vraiment.
Mais plusieurs de ses réactions récentes m'ont mis de mauvaise humeur.
Tant que, en dépit de quelques obstacles aisés à franchir vous n'en serez
pas, elle ne m'intéressera plus guère.

Avec ma gratitude et mes vœux chaleureux, je vous prie d'agréer,
Madame, l'expression de ma très fidèle et respectueuse admiration[10].

Jean d'Ormesson

---

7   Harvard, Houghton Library, fonds M. Yourcenar, *Ms Fr* 372 (578). © Succession Jean d'Ormesson.
8   Lettre écrite sur papier à en-tête du Figaro. En haut à gauche : « F » et en-dessous « Le Directeur
     général ». À la main : « Critique by / M.Y. of her own work / (L'Œuvre / Denier du Rêve) / in
     two letters, / apparently those of 1969+71 / what she wrote to Léone Siret ». En haut à droite :
     « LE FIGARO ». À la main : « Jean d'Ormesson / 1) (accusé de réception / de mes remer-
     ciements / pour la télé Nouv[elles]. / Or[ientales].) (Académie) / 2) mention de mes / lettres,
     probablement / à Léone Siret, / qui lui auraient / été communiquées / par "une personne" ».
9   « deux textes de vous assez longs » et « travail critique » sont soulignés à la main, et en
     marge : « Who ? ? »
10   La lettre est tapée à la machine, à l'exception de la fin de la lettre, après « l'expression »,
     qui est manuscrite.

LETTRE 5
De J. d'Ormesson à M. Yourcenar,
du 2 octobre 1979[11]

Paris, le 2 octobre 1979[12]

Madame,

Nous sommes, vous le savez, quelques-uns à l'Académie française – assez nombreux, en vérité, et de plus en plus nombreux – à souhaiter ardemment votre entrée dans cette compagnie. Ne m'en veuillez pas de revenir sur cette question.

La succession de Roger Caillois, avec qui j'étais étroitement lié, fournit, je crois, une occasion nouvelle. Je ne suis pas sûr – je vous le dis à titre confidentiel – qu'aucun des candidats actuels – quels que soient leurs titres et leurs mérites – puisse faire l'unanimité. Je crois, en revanche, que vous la feriez. Il me semble qu'un mouvement spontané de plus en plus important se fait sentir dans ce sens.

Je voudrais vous indiquer aussitôt qu'il ne serait pas question pour vous de faire acte de candidature. Nous pourrions très bien suivre la même procédure que pour Montherlant, par exemple. Il suffirait que vous acceptiez de faire part à n'importe quel membre de l'Académie de votre acceptation éventuelle d'une élection. Il serait naturellement maladroit de notre part d'exprimer un vote que vous n'accepteriez pas. Mais je vous ai lue et entendue à la radio, et j'avais bien cru comprendre que, peu disposée à poser votre candidature, vous ne refuseriez pas un vote qui vous élirait.

Je ne parle même pas du problème qui ne se pose pas de l'élection d'une femme à l'Académie : aucun texte ne s'y oppose. L'éloignement de Paris ne crée pas non plus de grave problème. Peut-être accepteriez-vous, à l'occasion d'un voyage à Paris, de venir prononcer l'éloge de Roger Caillois ?

---

11 Harvard, Houghton Library, fonds M. Yourcenar, *Ms Fr* 372 (578). © Succession Jean d'Ormesson.

12 Papier à en-tête : « Conseil international de la philosophie et des sciences humaines / international council for philosophy and humanistic studies / le Secrétaire général ». En haut à droite, à la main, au-dessus de la date : Ormesson, d' / [Magazine / Littéraire et Académie].

Une seule question doit être posée, en plus de celle, évidente, de l'acceptation du vote : c'est celle de la nationalité. Vous êtes française et non pas belge comme le soutiennent certains. Mais, ayant acquis, je crois, la nationalité américaine, avez-vous conservé quelque part dans un tiroir un passeport français ?

Pardonnez-moi de vous ennuyer avec ce petit jeu de questions – et, peut-être, de vous irriter. Mais n'y voyez qu'une admiration obstinée. Ce serait pour beaucoup d'entre nous – et, je le crois sincèrement, pour tous – une grande joie et un grand honneur de vous avoir parmi nous[13].

Si vous acceptiez de nous aider à vous accueillir dans cette maison et à y succéder à Roger Caillois, je m'en réjouirais plus que je ne peux vous le dire ici.

Voudriez-vous que nous considérions – pour peu de temps, j'espère – cette lettre comme un peu confidentielle ? Si vous me répondiez négativement, nous reprendrions le mot de Paulhan : « Mettons que je n'aie rien dit ». Mais j'espère ardemment une réponse positive.

Je vous prie d'agréer, Madame, l'expression de mes respectueux et admiratifs hommages[14].

Jean d'Ormesson

---

13   En bas de page à gauche : « Madame Marguerite Yourcenar / Petite Plaisance / Northeast Harbor (Maine) 04662 / U.S.A.

14   Lettre tapée à la machine à l'exception de la fin de la lettre, manuscrite après « l'expression ».

LETTRE 6
De M. Yourcenar à J. d'Ormesson,
du 22 octobre 1979[15]

Petite Plaisance
Northeast Harbor
Maine 04662 – USA

22 octobre 1979

Cher Monsieur,

Je viens à la fois vous remercier de votre admirable article du *Magazine Littéraire* (que le premier paragraphe surtout m'a plu qui, [illisible] d'un faux problème !) et de votre lettre du 2 octobre à laquelle les circonstances difficiles que je traverse en ce moment m'ont empêchée de répondre aussi vite que je l'aurais voulu.

Vous savez mes sentiments sur le sujet dont vous voulez bien vous occuper avec tant d'élan et de patience à la fois. Du moment que je ne suis pas obligée de faire acte de candidature, ce à quoi je répugne instinctivement, et d'autant plus que ma qualité de femme rend en quelque sorte cette démarche plus voyante encore, et du moment que je ne suis pas non plus obligée à une résidence fixe à Paris même pour une partie de l'année, rien, certes ne me ferait refuser l'honneur que vous souhaitez si généreusement pour moi. Le faire me paraîtrait insulter à plus de trois siècles d'histoire littéraire française.

Et maintenant, la question nationalité, sur laquelle vous avez bien raison de revenir, d'autant plus que nombre de journaux persistent à me faire belge. Je suis, comme vous le savez, en possession de la citoyenneté américaine depuis 1947. Auparavant, fille d'un Français et d'une Belge devenue française par son mariage, née par hasard à Bruxelles, mais de parents domiciliés dans le Nord (à St-Jans-Cappel, c'est-à-dire au Mont-Noir, près de Bailleul) j'ai toujours été considérée comme française, et

---

15 *Lettres à ses amis et quelques autres*, Gallimard, 1995, (désormais désigné par *L*), p. 616.
© Éditions Gallimard.

tous mes papiers officiels ont été français. J'ai fait photocopier pour vous, et c'est ce qui explique aussi un peu ma relative lenteur à vous répondre, deux documents que j'ai sous la main. Le premier est mon passeport délivré au consulat français de Lausanne en 1937, et en remplaçant un précédent de 1934, que je ne possède plus. Ce passeport porte des prolongations de validité des consulats français d'Athènes et de New York, successivement. J'y ai joint aussi, pour bonne mesure, la photocopie d'une carte d'identité délivrée en Belgique vers 1929 (?) à l'époque où, comme le décrit *Souvenirs Pieux*, j'étais allée m'occuper de recueillir l'héritage de ma mère, dans ce pays où je n'étais pas rentrée, même pour de brefs séjours, depuis 1911. Vous verrez que cette carte indique aussi la nationalité française.

Enfin, pour être complet, j'ai consulté mon acte de naissance bruxellois, qui ne donne bien entendu que le nom de famille de mes parents, Michel, né à Lille, et sa femme, née à Suarlée (donc en Belgique) tous deux domiciliés, comme je l'ai dit, dans le Nord. La question de nationalité n'est pas soulevée, mais Michel, comme l'indiquent ses immatriculations dans différents consulats français à l'étranger, est resté français jusqu'à la fin de ses jours.

Je m'excuse de ces longues explications si personnelles données à quelqu'un que je considère à bon droit comme un ami, mais que je connais si peu.

Oserais-je dire, pour finir, que je ne suis nullement atteinte de la fièvre verte. Mais je ne contrarierai pas ce projet, qui vous tient si amicalement à cœur, s'il est réalisable dans les conditions que vous m'indiquez. Et s'il faut jamais que je « succède » à quelqu'un, je serai honorée que ce soit à Roger Caillois.

Croyez, je vous prie, cher Monsieur, avec mes remerciements renouvelés, à l'expression de tous mes sentiments les meilleurs.

Marguerite Yourcenar

LETTRE 7
Brouillon de M. Yourcenar pour J. d'Ormesson,
du 10 novembre 1979[16]

Je sais qu'un certain nombre d'académiciens ont selon l'usage présenté ma candidature[17].

Si l'élection m'était favorable je [*mot manquant*] très honorée d'accepter l'honneur qui m'est [*phrase inachevée*].

LETTRE 8
De J. d'Ormesson à M. Yourcenar,
du 6 mars 1980 – télégramme[18]

Je suis heureux et fier et je vous prie d'agréer mes très respectueux et très admiratifs hommages.

Jean d'Ormesson[19]

---

16   Harvard, Houghton Library, fonds M. Yourcenar, *Ms Fr* 372 (1004). © Succession Marguerite Yourcenar.

17   Texte assez difficile à lire. Au-dessus de la première ligne : « Modèle de [déclaration ?] le 10 nov. 1979, pour Jean d'Ormesson »

18   Harvard, Houghton Library, fonds M. Yourcenar, *Ms Fr* 372 (578). © Succession Jean d'Ormesson.

19   En haut du télégramme, à droite de la date : à la main : « répondu d'avance ».

LETTRE 9
De J. d'Ormesson à M. Yourcenar,
de mars 1980[20]

Paris, mercredi[21]

Madame,

J'ai reçu avec beaucoup de joie et de gratitude votre télégramme qui me fait grand honneur. Je vous en remercie.

Je n'ai pas voulu, tous ces derniers mois, vous accabler de lettres ou de coups de téléphone. Je n'imagine que trop votre vie et les parties de cache-cache que vous devez jouer avec journalistes et photographes. J'ai préféré laisser les choses aller leur train – sans d'ailleurs trop m'en occuper. Je dois vous avouer que je n'ai pas vraiment mené campagne. J'ai posé la question, c'est tout, en pensant simplement qu'une réponse négative était impossible. Elle l'était.

Je dois préciser, notamment, que je ne me suis livré à aucun « marchandage » où votre nom aurait été engagé. Avec émerveillement ou dédain, certains parlent de « stratégie ». Aucune stratégie ; aucune manœuvre. Je n'ai fait, en présentant votre nom avec votre autorisation, que résister à une pression – il est vrai assez forte. C'est rigoureusement tout.

On a un peu hâte de quitter ces basses-eaux et de retourner un peu vers le soleil, vers la mer – ou la littérature. J'espère que votre existence n'est pas trop bouleversée par les événements – heureux ou tristes – de ces derniers temps et que vous pouvez trouver le temps et le calme nécessaires pour écrire. La tâche doit être difficile pour vous puisqu'elle l'est déjà pour moi. Je hais le téléphone, l'atroce courrier du matin et les déjeuners auxquels il est difficile d'échapper. Tout le reste, je l'ai rayé. Malgré ces coupes, l'agitation et la turbulence subsistent.

---

20 Harvard, Houghton Library, fonds M. Yourcenar, *Ms Fr* 372 (578).). © Succession Jean d'Ormesson.

21 Lettre manuscrite. La date n'est pas précisée, mais son contenu et la réponse de Yourcenar indiquent qu'il s'agit d'une lettre de mars 1980. Sous le lieu et la date, de la main de Yourcenar : « Jean d'Ormesson ».

Je n'ai pas voulu vous débusquer à bord du Mermoz. Vous trouverez un télégramme de moi dans les piles qui vous attendent chez vous...

Avec tous mes vœux chaleureux, je vous prie d'agréer, Madame, l'expression des respectueux hommages de

Votre admirateur
Jean d'Ormesson

LETTRE 10
De M. Yourcenar à J. d'Ormesson,
du 10 avril 1980[22]

Petite Plaisance
Northeast Harbor
Maine 04662 – USA

10 avril 1980

Cher Monsieur et Ami,

J'ai trouvé, en rentrant ici au début du mois votre lettre et votre télégramme qui a croisé le mien, envoyé des Caraïbes. Maintenant que les remous de la presse et des média s'apaisent, je ne puis que vous redire ma très grande gratitude pour votre amicale insistance en ma faveur. Les êtres, il faut l'avouer, comptent pour moi encore plus que les institutions : cette élection, en ce qui me concerne, c'est d'abord Jean d'Ormesson et les dix-neuf autres personnes qui l'ont soutenu, et dont quelques-uns, comme Jean Delay ou Étienne Wolff, étaient déjà pour moi des amis.

Je n'ai pas eu besoin de votre lettre pour ne pas croire à de prétendues « intrigues académiques » ourdies par vous en ma faveur. S'il y a eu intrigues, elles ont, semble-t-il, été combinées par d'autres et dans d'autres directions, dont je ne veux d'ailleurs rien savoir. Je n'ai pas lu, et peut-être ne lirai-je pas avant bien longtemps, les coupures de presse

---

22   L, p. 629. © Éditions Gallimard.

amoncelées ici en mon absence, mais une lettre très détaillée d'une amie française m'a permis de suivre, presque mot par mot, votre belle émission dont je vous remercie.

Je viens de demander à Gallimard de me faire envoyer les ouvrages de Caillois que je ne possède pas déjà. Je vais lire ceux que je ne connais pas encore et relire ceux que j'ai déjà plusieurs fois lus. Madame Jean Guéhenno a bien voulu m'envoyer la photocopie d'une lettre écrite à son mari par un Caillois âgé de dix-sept ans, et Madame Caillois aussi m'offre son assistance.

Mais tout cela réclame du temps. Je tremble toujours en commençant un travail de ce genre, où il s'agit d'être lucide et précis, et en même temps de se pencher sur une œuvre avec une respectueuse sympathie, sans pourtant la tirer à soi. Un essai sur l'historien Ivan Morris, paru, assez mutilé, dans *L'Express*, il y a quelques semaines, m'avait demandé deux mois. C'est tout autre chose que le libre élan qui accompagne la composition d'un roman.

« Time is of the essence ». Je crois comprendre qu'on a un an à dater de l'élection pour accomplir ce travail, mais viens m'informer de vous quelle date, à votre sens, serait souhaitable, fin de l'automne de cette année (mettons novembre) ou février-mars prochains ? L'un et l'autre sont possibles, mais j'aurais besoin de le savoir pour établir certains [*mot manquant*] de travail et de voyage. Vous savez peut-être que je n'aime pas les déplacements courts : je me propose donc de faire précéder et suivre ce séjour de quelques semaines à Paris de visites à quelques amis vivant à l'étranger, et enfin, nouveaux arrangements à prévoir, je suis arrivée à l'âge de la vie où l'on préfère ne pas voyager seule. Je pourrai, certes, si vous me le conseillez, écrire au sujet de ces dates au Secrétaire Perpétuel de l'Académie, mais vous considérant un peu comme mon parrain dans la maison, je m'adresse d'abord à vous.

Je viens de recevoir une charmante lettre de Maurice de Gandillac avec qui j'ai correspondu à l'époque de *L'Œuvre au noir*, et qui n'est pas peu fier de vous avoir eu pour étudiant. Quelle longue chaîne de contacts amicaux à travers la vie...

Croyez, je vous prie, cher Monsieur et Ami, à l'expression de tous mes meilleurs sentiments.

Marguerite Yourcenar

LETTRE 11
De J. d'Ormesson à M. Yourcenar,
du 8 mai 1980[23]

Paris, jeudi 8[24]

Je ne veux plus tarder, Madame, à vous remercier de votre longue et bonne lettre du 10 avril. J'ai déjà trop attendu et j'espère que vous me pardonnerez. J'ai été absent de Paris et j'ai pensé aussi, je vous l'avoue, que vous étiez enfouie sous des tombereaux de correspondance : peut-être valait-il mieux vous laisser respirer un peu !...

Vous me parlez de Jean Delay et d'Étienne Wolff : j'ai pour l'un et pour l'autre beaucoup d'affectueuse amitié et une grande estime. Jean Delay est venu voter pour vous alors que sa santé est encore chancelante. Il nous livre ses archives dans un style très différent du vôtre, mais l'entreprise est intéressante. Merci de tout cœur de ce que vous voulez bien me dire pour moi-même et qui me touche profondément.

Les « intrigues » : je vous en ai déjà dit un mot. En vérité, je crois qu'elles se combinent surtout avec quelques réactions passionnelles et avec un de ces mouvements collectifs qu'on appelle « coup de chapeau » et qui laisse pantois ceux-là mêmes qui l'ont donné... et souvent celui qui le reçoit.

Ah ! Je comprends vos sentiments ! Quelle que soit l'amitié, la sympathie, l'estime – ou même l'admiration – un discours académique – lâchons le mot –, c'est une corvée. Je le dis sans flagornerie : je pense que vous écrirez sur Caillois des pages qui feront date. Mais cette impression de travail obligé et de liberté conditionnelle est pénible. J'avais moi-même « tiré » Jules Romains – et je sais que la préparation demande de l'effort et du temps.

Sentez-vous pourtant aussi libre que possible. On peut tout dire, absolument tout et, quant au temps, vous êtes juge et maîtresse. Un an

---

23 Harvard, Houghton Library, fonds M. Yourcenar, *Ms Fr* 372 (578). © Succession Jean d'Ormesson.
24 Lettre manuscrite. Il s'agit très certainement du 8 mai, comme l'indique le contenu de la lettre qui répond à celle de Yourcenar du 10 avril.

me paraît très convenable. Mais si vous préfériez huit mois, ou dix-huit, aucune difficulté. Novembre serait très bien – et mars parfait.

Je vous suis très reconnaissant de vous être d'abord adressé à moi : j'en suis sincèrement flatté. Et je vous aiderai tant que je peux. Je crois qu'il faut pourtant que vous discutiez des dates avec le Secrétaire Perpétuel. Mais il fera, j'en suis sûr, ce que vous voudrez. Le duc de Castries, qui était Directeur, m'a cassé les pieds (il n'y a pas d'autre mot) pour votre présentation au « protecteur » de l'Académie. J'ai fini par répondre qu'il présente Michel Droit et que le Président de la République (avec lequel je n'ai eu aucun contact vous concernant…) vous recevrait quand vous serez à Paris. Ils adorent ces détails de protocole !

Il faut – pardonnez-moi ! – que je vous parle de deux ou trois détails. Odette Laigle, chez Gallimard, moi-même et beaucoup d'autres encore, je pense, sont assaillis (ou sommes assaillis, je pense !) de bonnes volontés qui veulent vous faire des cadeaux ! Naturellement j'ai pris sur moi d'écarter l'épée. Mais désirez-vous une broche, un collier, un diadème, un éléphant vivant, une piscine de porphyre ? Tout est possible, et vous pourriez renflouer les finances nationales. Voulez-vous réfléchir et dire un mot à ce propos soit à Claude Gallimard soit à moi ?

La réception. J'imagine bien que c'est une corvée pour vous, pire encore que le discours, qui au moins relève de l'activité intellectuelle. On peut simplifier les choses. Après le discours, la coutume est de recevoir les amis. C'est terrible. Je vous conseille, si vous me le permettez, de renoncer purement et simplement à ce rite mondain – qui prendrait évidemment pour vous des allures d'émeute.

Reste le discours même. Surtout parce qu'il s'agit de Caillois dont j'étais très proche, je suis heureux que ce soit vous qui le prononciez. Mais dans quelles conditions ? J'imagine que vous préféreriez un petit comité. Je vous comprends, je vous assure. Les arguments pour, je ne les reprends même pas. Les arguments contre : Montherlant a fait ainsi ; mais il est vrai qu'il souffrait, physiquement, de la foule. Et puis, je pense à Madame Caillois (que vous connaissez, dont nous pourrions parler longtemps – mais qui me touche souvent) : est-ce qu'elle n'aurait pas l'impression qu'on escamote un peu le dernier grand hommage à Roger ?

Ne m'en veuillez pas de réfléchir ainsi à haute voix. La décision, naturellement, dépend de vous. Mais il faut, de toute façon, que vous en parliez avec le Perpétuel.

J'ai le sentiment que M. Mistler sera très flatté si vous lui écriviez pour traiter tous ces problèmes avec lui. Je reste naturellement à votre disposition pour vous informer, pour infléchir, pour agir comme vous voudrez (mais je ne suis pas sûr d'être toujours efficace !)

Je crois aussi qu'il faut envoyer à Mistler une sorte de biographie, aussi complète que possible.

J'ai reçu une longue lettre et un texte sur vous d'un de vos neveux, je crois : Georges de Crayencour. Il semble très sympathique – peut-être un peu confus.

Vous me parlez de mon maître, Maurice de Gandillac. Je lui garde beaucoup de fidèle et affectueuse gratitude. Comme à quelques autres – Jean Hyppolite, Merleau-Ponty, Althusser... – Je lui dois beaucoup.

Pardonnez cette lettre si ridiculement longue et veuillez agréer, Madame, avec mes excuses renouvelées pour mon retard, l'expression de mes très fidèles, très respectueux et très admiratifs hommages.

Jean d'Ormesson

Je me permets de vous donner mon adresse personnelle : [...].

LETTRE 12
De M. Yourcenar à J. d'Ormesson,
du 20 mai 1980[25]

Petite Plaisance
Northeast Harbor
Maine 04662 – USA

20 mai 1980

Cher Jean d'Ormesson,

La lettre n'était pas trop longue, et j'ai honte d'y répondre, longuement aussi par une terne série de mots dactylographiés, mais mon écriture est moins lisible que la vôtre, et je m'en voudrais de vous obliger à en déchiffrer quelques pages.

Merci de m'indiquer qu'une grande latitude m'est laissée quant à la date de réception. J'écrirai à coup sûr au secrétaire perpétuel à ce sujet, mais quand je serai un peu plus fixée moi-même sur l'époque à proposer. Elle dépend en partie de la date à laquelle je puis envisager la complétion [*sic*] du discours, en partie des facilités de voyages (je préfère, si possible, un paquebot à l'avion), en partie d'autre visites à faire en Europe avant ou après ce séjour d'un mois environ à Paris (je crois, en particulier, que ma présence à une séance de l'Académie belge s'imposera), et d'arrangements à faire avec un compagnon de voyage. Depuis quelques années en effet, j'ai cessé de me sentir assez d'énergie physique pour me plaire à voyager seule.

Je me rends au début de juin à Boston pour une cérémonie officielle presque aussi redoutable, avec les réceptions qui inévitablement l'encadrent, que la cérémonie sous la Coupole : il s'agit de recevoir des mains de l'ambassadeur ma promotion à la Légion d'honneur. Je m'étonne un peu qu'à chaque nouvelle promotion une nouvelle remise d'insignes soit nécessaire, mais c'est ainsi, et le consul-général a tenu à envoyer en France quelques invitations « de pure forme », dont l'une à

25   *L*, p. 634. © Éditions Gallimard.

Claude Gallimard, l'autre à vous, mais personne ne s'attend à ce que vous vous imposiez cette corvée. Si une bonne chance vous amenait aux États-Unis cet été avant mon séjour en France, j'aimerais mieux vous recevoir à Northeast Harbor, où je serai en résidence à peu près continuelle à partir du 15 juin.

Mon intention n'est pas de me mettre immédiatement au discours, auquel pourtant je pense déjà beaucoup, mais de terminer d'abord, si possible, quelques travaux presque achevés qui me sollicitent de revenir à eux, ce qui me laisserait en quelque sorte tiraillée.

Il va sans dire que je ne considère pas comme une sorte de pensum cette oraison funèbre d'un remarquable et puissant esprit. Le danger serait plutôt de la tirer à moi du fait de certaines communautés d'intérêt, de certaines orientations presque parallèles. Il faudra que je m'applique à chercher aussi les divergences, pour donner de Caillois l'image la moins incomplète et la moins inexacte possible.

Je comprends le désir de Madame Caillois de ne pas mettre sous le boisseau « l'oraison funèbre ». Coupole ou pas coupole ? Il me semble que nous pouvons remettre ce choix à l'époque où la date elle-même sera fixée. À vrai dire, tout comme Montherlant, je souffre, *physiquement*, de la foule, jusqu'à risquer l'évanouissement, ou à ne triompher de cette phobie qu'au prix d'un long épuisement dans les jours qui suivent. Ce serait, certes, déjà quelque chose, d'éviter les accolades amicales qui suivent le discours, mais les éviterait-on tout à fait ? Ma santé, très compromise l'hiver dernier, s'est beaucoup améliorée, du fait surtout d'un long voyage, mais je m'aperçois une fois remise au travail que je dois encore compter avec la fatigue. De plus, et tout en continuant à refuser l'uniforme, la cérémonie dans ce cadre officiel obligerait, me semble-t-il, à en donner comme un léger rappel au féminin, ce à quoi il faudra aussi penser. Dites à la charmante Madame Caillois, si vous la voyez, que je *tâcherai*, si humainement possible, de choisir la solution qu'elle préfère.

Quant à l'énumération, si digne d'un empereur de votre imaginaire Empire, d'une broche, un diadème, un éléphant vivant (que j'aimerais l'accepter, mais il me faudrait aussi une écurie et un cornac, et les enfants du village ne quitteraient plus ma porte), ou d'une piscine de porphyre, votre imagination entraîne la mienne. À la vérité, un don fait en esprit n'a pas besoin d'être du concret : l'intention seule m'en suffit. Mais si quelques personnes tiennent vraiment à s'inscrire pour donner quelque chose, j'aurais mauvaise grâce à les décourager entièrement. Vous savez mon goût pour les choses de l'Extrême-Orient : je pense à une petite statuette ou à un petit tabernacle siamois, japonais, ou cambodgien ancien, Bouddha ou Kuanon (« celle qui entend tomber les larmes des hommes ») mais vraiment assez petits pour être tenus révérencieusement dans les deux mains, ou encore à une *plurba* tibétaine de bronze ou de bois, la dague magique « qui sert à tuer le Moi », aux angles d'ailleurs si émoussés (du moins chez celles que j'ai vues) qu'on ne pourrait s'y couper. J'ai dit naguère, je crois à Radio-Luxembourg, lorsqu'il était déjà vaguement question pour moi de l'Académie, que ce genre de dague serait la seule « épée » que j'accepterais jamais, et cette plaisanterie me revient à l'esprit en ce moment. Ou, si ces objets orientaux étaient décidément trop difficiles à trouver ou trop dispendieux, peut-être un *aureus* d'Hadrien, au sujet duquel mon ami Coche de la Ferté pourrait donner des conseils, ou plus simplement encore, en mémoire de Roger Caillois, quelque beau cristal qui pourrait au besoin servir de presse-papier ? Le presse-papier aussi est un de nos symboles.

Je regrette infiniment que M. Mistler ait pu voir de la désinvolture dans ma très brève biographie et, pour la bibliographie, à la référence à la liste des *œuvres* dans les éditions de Gallimard. Je vais essayer d'établir une brève bibliographie de mes livres publiés, ou republiés avec de grands changements, mais il me serait impossible d'aller plus loin, et de recenser les essais ou articles, auxquels du reste je suppose qu'il ne tient pas. J'ai en mains une bibliographie établie en 1975 par un jeune universitaire français, mais elle contient de nombreuses erreurs.

Quant à la biographie, que dire de plus que ce que j'avais indiqué (j'avais, il est vrai, omis le nom des collèges américains m'ayant donné des *degrés honoris causa*, et oublié de mentionner les décorations : je rétablirai ces détails) ? L'existence, du moins la mienne, tient mal sur les lignes pointillées. N'importe : j'en enverrai à M. Mistler une nouvelle copie, contenant ces quelques faits de plus.

Avec toutes mes amicales pensées,

[Marguerite Yourcenar]
[...]

LETTRE 13
De J. d'Ormesson à M. Yourcenar,
du 23 juin 1980[26]

Paris, 23 juin [1980[27]]

Madame,

Je vous remercie de votre lettre du 20 mai que j'ai reçue et lue avec beaucoup de joie. J'ai été très touché de l'invitation que m'a adressée le consul général de Boston. Pardonnez-moi de n'avoir pu venir : j'ai pensé à vous de loin avec fidélité.

Pour la date de la réception, ce que vous déciderez sera bien. Il me semble qu'entre décembre et mars, ce serait parfait. Naturellement, pas question de je ne sais quel uniforme. Là encore, ce que vous déciderez sera accepté sans restriction ni murmure !

La seule question : le cadre. J'en ai parlé, très discrètement, à Madame Caillois. Elle préférerait, évidemment, qu'un peu de solennité contribue à perpétuer le souvenir de Roger. Mais je m'en voudrais de peser si peu que ce soit sur vos projets.

Je comptais vous envoyer cette lettre par les voies normales quand j'apprends que Claude[28] s'envole pour vous voir. Je la lui remets donc avec tous mes vœux chaleureux pour vous.

Vous pourrez notamment régler avec lui la question du cadeau que voudraient vous offrir vos (innombrables) admirateurs. J'ai lu avec délices vos idées à ce propos. Le plus simple serait, j'imagine, d'inviter les volontaires à s'inscrire rue Sébastien Bottin. Et on pourrait choisir ensuite la destination finale de ces témoignages d'affection et d'admiration : dieu, table ou cuvette [? *mot peu sûr*].

Au moment de clore cette lettre et de la remettre à Claude, téléphone de Mistler : il a reçu une lettre de vous dont il semble tout à fait heureux. Tant mieux ! Et merci de vous être mise directement en relation avec

---

26 Harvard, Houghton Library, fonds M. Yourcenar, *Ms Fr* 372 (578). © Succession Jean d'Ormesson.

27 Lettre manuscrite.

28 Claude Gallimard.

lui. Oserais-je timidement vous suggérer d'écrire un jour quelques lignes à Madame Caillois ? Claude vous dira qu'elle est parfois un peu... encombrante – mais touchante aussi dans sa fidélité à son mari.

Pardon de vous ennuyer avec tous ces détails ! Je me cache derrière une de vos phrases qui m'a fait soupirer : « Hélas ! On écrit aux écrivains ». On ferait mieux de les laisser écrire. C'est ce que je m'empresse de faire en vous priant d'accepter l'expression renouvelée de mes très fidèles et respectueux hommages.

Jean d'Ormesson

LETTRE 14
De J. d'Ormesson à M. Yourcenar,
du 1er [juillet ?] 1980[29]

Paris, mardi 1[30]

Madame,

Pardonnez-moi de vous ennuyer encore. Mais jeudi dernier M. Mistler a parlé de vos projets et a évoqué la possibilité d'une séance de réception en janvier. Il m'a demandé si j'accepterais de vous répondre. J'ai dit que je n'étais pas candidat à cet honneur, mais que je ne m'y déroberais certes pas.

Je ne sais pas quelles sont vos intentions et je ne voudrais pas que vous puissiez croire que je me suis poussé en avant pour vous forcer la main. En principe, c'est le directeur de l'Académie au moment de la mort du prédécesseur – ou de la vacance, les interprétations diffèrent – qui reçoit le nouvel élu. Mais, en fait, c'est en général un accord qui prévaut et une grande liberté est laissée au récipiendaire dans le choix de son interlocuteur.

Je voudrais donc que vous vous sentiez aussi libre que possible. Ce serait une grande joie pour moi de vous recevoir, mais je comprendrais très bien que vous ayez d'autres préférences.

---

29   Harvard, Houghton Library, fonds M. Yourcenar, *Ms Fr* 372 (578). © Succession Jean d'Ormesson.
30   En dessous, à la main : [July ? 1980].

Voilà ce que je voulais vous dire, un peu en hâte, ne voulant surtout pas que vous vous trouviez devant un fait accompli – qui n'existe pas.

J'aurai, je pense, de vos nouvelles par Claude à son retour et je vous prie d'agréer, Madame, l'expression de mes bien fidèles et respectueux hommages.

Jean d'Ormesson

Pardonnez le désordre et les répétitions de cette lettre écrite un peu vite et dans la crainte d'être précédé par une communication officielle qui pourrait vous surprendre !

REVUE DE PRESSE

La revue de presse est immense; les articles ci-dessous sont uniquement ceux qui ont été mentionnés ou cités.

L'Aurore, 15/5/68, article de J. Mistler
L'Aurore, 15/6/71, article de J. Mistler
L'Aurore, 15/1/74, article de J. Mistler
Le Canard enchaîné, 30/12/87
Carrefour, 9/1/52, article de Max-Pol Fouchet
La Cité, 7/3/80
La Cité, 22/1/81
Le Devoir, 22/3/80, article d'Yvon Bernier
Elle, 6/5/74, article de J. Chalon
Elle, 10/12/79
Études, mars 1952
L'Événement, 21/3/80
L'Événement, 23/1/81
L'Événement, 31/1/81
L'Express, 28/8/71, article de M. Galey
L'Express, 29/4/74, article de M. Galey
L'Express, 5/5/74, article de M. Galey
L'Express, 8/12/79
L'Express, 15/3/80, article d'Angelo Rinaldi
L'Express Magazine, 12/9/77, article de M. Galey
Femmes d'aujourd'hui, 16/4/80 article de Matthieu Galey
Le Figaro, 11/7/68, article de J. Guéhenno
Le Figaro, 30/3/71, article de C. Bronne
Le Figaro, 20/4/72
Le Figaro, 7/3/74, article de J. Guéhenno
Le Figaro, 17/6/77, article de J. Chalon
Le Figaro, 26/11/77 : lettre ouverte de J. Chalon à J. Mistler
Le Figaro, 19/10/79, article de J. Chalon
Le Figaro, 10/11/79

Le Figaro, 7/12/79
Le Figaro, 5/1/80
Le Figaro, 7/3/80, articles de Marcel Jullian et de J. d'Ormesson
Le Figaro, 8/3/80
Le Figaro, 18/4/80
Le Figaro, 6/5/80
Le Figaro, 16/5/80
Le Figaro, 23/12/80
Le Figaro, 7/1/81, article d'Hélène de Turckheim
Le Figaro, 22/1/81, article d'Hélène de Turckheim
Le Figaro, 23/1/81, article d'Hélène de Turckheim
Le Figaro, 24/1/81
Le Figaro, 29/10/82
Le Figaro littéraire, 16/2/63, article de R. Kanters
Le Figaro littéraire, 23/2/63
Le Figaro littéraire, 31/8/63, article de R. Kanters
Le Figaro littéraire, 14/6/68, article de R. Kanters
Le Figaro littéraire, 29/12/69, article de R. Kanters
Le Figaro littéraire, 4/1/70, article de R. Kanters
Le Figaro littéraire, 18/6/71, article de R. Kanters
Le Figaro littéraire, 15/12/73, article de R. Kanters
Le Figaro Magazine, 17/12/79
Le Figaro Magazine, 8-14 mars 1980, article de Jean d'Ormesson
La France catholique, 14/12/79
France réelle, 15/2/52
France Soir, 5/3/80
France Soir, 8/3/80
France Soir, 23/1/81
Gazette de Lausanne, 9-10/2/52, article de M. Arland
L'Humanité, 28/1/77
Le Journal de Genève, 23/1/81
Journal de la Culture, septembre 2004, article de J. Dutourd
Le Havre libre, 2/3/85
Lettres françaises, juin 1968, article de P. de Rosbo
Libération, 25/5/68
Libre Belgique, 23/1/52
Libre Belgique, 8/3/80
Libre Belgique, 11/3/80
Libre Belgique, 7/11/80
Libre Belgique, 23/1/81

Lire, n° 5, 1982, Beijing, article de Liu Mingjiu, « L'Immortel que j'ai vu »,
Lire, n° 4, 1988, Beijing, article de Liu Men, « Marguerite Yourcenar, première académicienne de l'Académie française »,
Marie-Claire, mars 1980
Le Matin, 10/6/79, article de Jean-Paul Kauffmann
Le Matin, 7/3/80, article de Françoise Xénakis
Le Matin, 22/1/81
Le Monde, 9/1/52
Le Monde, 28/5/52, article d'Émile Henriot
Le Monde, 26/11/68
Le Monde, 10/11/79, article de Jacqueline Piatier
Le Monde, 8/12/79
Le Monde, 5/1/80
Le Monde, 11/1/80, article de Jean Guitton : « L'admiration de Jean Guitton »
Le Monde, 5/3/80
Le Monde, 8/3/80, articles de Jacqueline Piatier et de Jean-Marie Dunoyer
Le Monde, 23/1/81, article de Jacqueline Piatier
Le Monde, 24/1/81
Le Monde, 30/12/87
Le Monde des livres, 3/1/79, article de P. de Rosbo
New York Times magazine, 18/1/81
Les Nouvelles littéraires, 3/1/63, article de P. de Boisdeffre
Les Nouvelles littéraires, 15/11/79
Les Nouvelles littéraires, 10-17 janvier 1980
Les Nouvelles littéraires, n° 2728, 13/3/80, article de J. C. Harvet
Le Nouvel Observateur, 4/2/80
Nouvelle Revue des deux Mondes, 8/8/74, article de P. de Boisdeffre
Nouvelle Revue des deux Mondes, janvier-mars 1981, article de P. de Boisdeffre
Paradoxes, 31/3/80, article de P. de Boisdeffre
Le Parisien, 23/12/80
Paris Match, 30/11/79
Paris Match, 21/3/80, article de Françoise Parturier
Paris Match, 5/2/88, article de Françoise Parturier
Le Pèlerin, 25/1/81
Le Phare, 24/1/65, article de G. Sion
Le Phare, 30/6/68, article de G. Sion
Le Phare, 12/10/68, article de G. Sion
Le Point, 3/3/80
Le Point, 26/1/81
Points de vue, 14/3/80

Le Quotidien de Paris, 25/4/74, article de P. de Rosbo

Le Quotidien de Paris, 10/10/77, article de J. d'Ormesson

Le Quotidien de Paris, 23/12/80

Le Quotidien de Paris, 23/1/81

Le Quotidien de Paris, 20/10/87

Réalités, juin 1968, article de M. Galey

Réalités, février 74, article de M. Galey

Revue générale, n° 4, avril 80, article de G. Sion

La Revue nouvelle, mars 1981

Revue de Paris, avril 1952

Revue de Paris, août-sept. 68, article de R. Kanters

Septentrion, n° 4,1987

Le Soir, 1/4/65, article de C. Bronne

Le Soir, 18/2/70, article de C. Bronne

Le Soir, 29/3/71

Le Soir, 14/7/71, article de G. Sion

Le Soir, 15/12/71, article de G. Sion

Le Soir, 8/5/74, article de G. Sion

Le Soir, 24/12/75, article de G. Sion

Le Soir, 21/9/77, article de G. Sion

Le Soir, 10/11/79, article de G. Sion

Le Soir, 6/12/79, article de Jacques Cordy

Le Soir, 7/3/80

Le Soir, 23/1/81, article de Jacques Cordy

The Times Record, Brunswick, 27/12/79

La Vie, 6-12 mars 1980

La Voix du Nord, 23/1/81

Zhongshan, n° 2, 1999, Nanjing, article de Liu Bingwen, « la première femme invitée à être parmi les immortels ».

BIBLIOGRAPHIE

AYERZA DE CASTILLO, Laura, FELGINE, Odile, *Victoria Ocampo, Intimidades de una visionaria*, Editorial Sudamericana, Buenos Aires, 1992, titre original en français, *Victoria Ocampo*, Paris, Critérion, 1991.

BARTHÉLÉMY, Charles, *Les quarante fauteuils de l'Académie française : 1634-1886*, Paris, Blériot, 1886.

BÉGAUDEAU, François, *L'Ancien régime*, Incipit, 2016.

BÉGUIN, Louis-Paul, *Yourcenar ou le triomphe des femmes*, éd. Janus, Montréal, 1980.

BLOT, Jean, *Marguerite Yourcenar*, Seghers, Paris, 1971 (édition mise à jour en 1980).

BONALI-FIQUET, Françoise, *Réception de l'œuvre de Marguerite Yourcenar, essai de bibliographie chronologique (1922-1994)*, SIEY, 1994.

BREDIN, Jean-Denis, « Discours de réception », 17/5/1990, *Site de l'Académie française*.

BRÉMOND, Mireille, « Marguerite Yourcenar ou la lutte pour les droits de l'auteur », *Bulletin SIEY* n° 33, 2012, p. 145-212.

BRÉMOND, Mireille ; LIU, Yunhong, « Marguerite Yourcenar et la Chine : un double regard », *Bulletin SIEY* n° 35, 2014, p. 147-196.

CAPUT, Jean-Pol, *L'Académie française*, Paris, PUF, *Que sais-je ?*, 1986.

CARLIER, Christophe, *Lettres à l'Académie française*, Paris, Éd. les Arènes, 2010.

CARRÈRE D'ENCAUSSE, Hélène, *Des siècles d'immortalité : l'Académie française 1636*, Paris, Fayard, 2011.

CARRÈRE D'ENCAUSSE, Hélène, « Des femmes à l'Académie française ? », *Site de l'Académie française*, 6/12/2012.

COUNIHAN, Francesca, *L'autorité dans l'œuvre romanesque de Marguerite Yourcenar*, Lille, Presses Universitaires du Septentrion, 2000.

DE BUEGER, Andrée, DELCROIX, Maurice, GRAVET, Catherine, « Lettres belges », *Bulletin SIEY* n° 29, 2008, p. 127-158.

DEBRÉ, Jean-Louis ; BOCHENEK, Valérie, *Ces femmes qui ont réveillé la France*, Paris, Fayard, 2013, p. 361-397.

DELCROIX, Maurice, GRAVET, Catherine, « Alexis Curvers et Marguerite Yourcenar au temps de l'amitié », *Revue Relief*, http://www.revue-relief.org, 2 (2), 2008, p. 199-215.

Deprez, Bérengère, *Marguerite Yourcenar et les États-Unis*, Bruxelles, Racine, 2012.

d'Ormesson, Jean, « Réponse au discours de réception de Marguerite Yourcenar », *Site de l'Académie française*, 22/1/1980.

d'Ormesson, Jean, « Hommage prononcé à l'occasion du décès de Mme Marguerite Yourcenar », 7/1/1988, *Site de l'Académie française*.

d'Ormesson, Jean, *Garçon, de quoi écrire*, Paris, Gallimard, 1989.

d'Ormesson, Jean, *Je dirai malgré tout que cette vie fut belle*, Paris, Gallimard, 2016.

Duc de Castries, *La vieille dame du Quai Conti*, Paris, Librairie académique Perrin, 1978 et 1985.

Felgine, Odile, *Roger Caillois*, Paris, Stock, 1994.

Fernandez, Dominique, Ferranti, Ferrante, *Académie française*, éd. Philippe Rey, 2013.

Galey, Matthieu, *Journal, 1974-1986*, Paris, Grasset, 1989.

Garcia, Daniel, *Coupole et dépendances. Enquête sur l'Académie française*, Paris, éd. Du Moment, 2014.

Georges Sion, lecteur attentif de Marguerite Yourcenar, Bruxelles, CIDMY, nº 13, 2001.

Goslar, Michèle, *Yourcenar, qu'il eût été fade d'être heureux*, Biographie, Bruxelles, éditions Racine, 1998.

Goslar, Michèle, *Marguerite Yourcenar et Suzanne Lilar : plus qu'une rencontre, une complicité*, Séance publique du 15 novembre 2003 : Marguerite Yourcenar, le sacre du siècle, Bruxelles, Académie royale de langue et de littérature françaises de Belgique, 2007 : www.arllfb.be/ebibliotheque/seancespubliques/15112003/goslar.pdf.

Goslar, Michèle, « Les coulisses d'une élection », *www.bon-a-tirer, Revue littéraire en ligne*, nº 129, 1/4/2010.

Halley, Achmy, *Marguerite Yourcenar, Archives d'une vie d'écrivain*, Gand, Snoeck, 2015.

Houssaye, Arsène, *Histoire du 41ᵉ fauteuil de l'Académie française*, Paris, Hachette, 1864.

Howard, Joan. E., *« We met in Paris » – Grace Frick and Her Life with Marguerite Yourcenar*, University of Missouri Press, 2018.

Howard, Richard, « Yourcenar composed », *Salmigundi* (Skidmore College), nº 103, 1994, p. 51-69.

Kaiser, Walter, The Achievment of Marguerite Yourcenar, European Liberty, La Haye, Martinus Nijhoff Publishers, 1983.

Lacour, Louis, *La question des femmes à l'Académie française*, D. Jouaut imprimeur, 1865.

Les voyages de Marguerite Yourcenar, Bruxelles, CIDMY, 1996.

LEVILLAIN, Henriette, *Yourcenar, carte d'identité*, Paris, Fayard, 2016.

L'Œuvre au noir *de Marguerite Yourcenar et le Prix Femina 1968*, Réception critique (1968-1969), Bruxelles, CIDMY, n° 20, 2016.

LONOFF DE CUEVAS, Sue, *Marguerite Yourcenar, croquis et griffonnis*, Paris, Gallimard, 2008.

LOYER, Emmanuelle, *Lévi-Strauss*, Paris, Flammarion, 2015.

MAALOUF, Amin, *Un fauteuil sur la Seine, Quatre siècles d'histoire de France*, Paris, Grasset, 2016.

Marguerite Yourcenar, Correspondance avec Joseph Massabuau (1928-1939), Bruxelles, CIDMY, n° 17, 2011.

Marguerite Yourcenar en questions, Bruxelles, CIDMY, n° 16, 2008.

Mémoires d'Hadrien *de Marguerite Yourcenar, Réception critique, 1951-1952*, Bruxelles, CIDMY, n° 14, 2002.

MESNARD, Paul, *Histoire de l'Académie française depuis sa fondation jusqu'en 1830*, Paris, Charpentier, 1857.

MICHAUX, Henri, *Donc, c'est non*, Lettres réunies, présentées et annotées par Jean-Luc Outers, Paris, Gallimard, 2016.

NAUDIER, Delphine, « L'irrésistible élection de Marguerite Yourcenar à l'Académie française », *Cahiers du genre*, 1/2004, n° 36, p. 45-67.

NESS, Béatrice, « Le succès Yourcenar : vérité et mystification », *The French Review*, vol. 64, n° 5, avril 1991, p. 794-803.

PÉLISSON et D'OLIVET, *Histoire de l'Académie française*, Paris, Librairie académique Didier, 1838.

PERAS, Delphine, « 1980 : Yourcenar à l'Académie », *Lire*, 01/11/2005.

PEYREFITTE, Alain, « Réponse au discours de réception de Jacqueline de Romilly », 26/10/1989, *Site de l'Académie française*.

PRIMOZICH-PARSLOW, Loredana, « Les *juvenilia* yourcenariens. Entre reniement et remaniement », dans *Marguerite Yourcenar et l'univers poétique*, actes du colloque de Tokyo de 2004, SIEY, 2008, p. 27-36.

RHEIMS, Maurice, *En tous mes états*, Paris, Gallimard, 1993.

RIPA, Yannick, « Marie Curie n'entrera pas à l'Académie… » dans *L'Histoire*, octobre 2001, n° spécial, 258, p. 25-26.

ROBITAILLE, Louis-Bernard, *Le salon des Immortels, une académie très française*, Paris, Denoël, 2002.

ROLIN, Dominique, *Discours de réception à l'Académie Royale de langue et de littérature françaises de Belgique*, site : arllfb.be.

ROUXEL, Albert, *Chronique des élections à l'Académie française : 1634-1841*, Paris, Didot, 1886.

RUFIN, Jean-Christophe, « Réponse au discours de réception de Dominique Bona », 23/10/2014, *Site de l'Académie française*.

SAND, George, *Pourquoi les femmes à l'Académie ?* Paris, éd. Michel Lévy, 1863.

SAVIGNEAU, Josyane, *Marguerite Yourcenar, l'invention d'une vie*, Paris, Gallimard, 1990.

SIMONNET, Jules, *Les femmes à l'Académie*, Paris, E. Dentu, libraire-éditeur, 1863.

SION, Georges, *Petite chronique yourcenarienne*, Bruxelles, Académie royale de langue et de littérature françaises de Belgique, 1992. Disponible sur www.arllfb.be.

Testimonios sobre Victoria Ocampo, Éd. Fleur, Buenos Aires, 1962.

Trois siècles de l'Académie française par les Quarante, Firmin-Didot, 1935.

VAZQUEZ, Maria Esther, *Victoria Ocampo*, Buenos Aires, Planeta, Mujeres Argentinas, 1991 (l'édition utilisée est celle de 1993).

YOURCENAR, Marguerite, *Réception de Mme Marguerite Yourcenar*, Académie Royale de Langue et Littérature françaises, Bruxelles, Palais des Académies, 1971.

YOURCENAR, Marguerite, *Entretiens radiophoniques avec Patrick de Rosbo*, Paris, Mercure de France, 1972.

YOURCENAR, Marguerite, « Discours de réception à l'Académie française », *Site de l'Académie française*, 22 janvier 1980.

YOURCENAR, Marguerite, *Les Yeux ouverts, Entretiens avec Matthieu Galey*, Paris, éditions du Centurion, 1980 (édition utilisée : Livre de Poche, 1993).

YOURCENAR, Marguerite, « Prix Érasme : Discours de remerciement » *Roman 20-50*, 9, mai 1990, p. 117-121.

YOURCENAR, Marguerite, *Lettres à ses amis et quelques autres (L)*, Paris, Gallimard, 1990.

YOURCENAR, Marguerite, *Entretiens avec des Belges*, Bruxelles, CIDMY, 1999.

YOURCENAR, Marguerite, *Portrait d'une voix (PV)*, Paris, Gallimard, 2002.

YOURCENAR, Marguerite, *D'Hadrien à Zénon, Correspondance 1951-1956*, Paris, Gallimard, 2004.

YOURCENAR, Marguerite, *Une Volonté sans fléchissement, Correspondance 1957-1960 (HZ II)*, Paris, Gallimard, 2007.

YOURCENAR, Marguerite, *Persévérer dans l'être, Correspondance 1961-1963 (HZ III)*, Paris, Gallimard, 2011.

INDEX DES PERSONNES

INDEX DES PRIX ET INSTITUTIONS

TABLE DES MATIÈRES